U0942492

給 ________________

________________ 送贈

祂為愛走過

365天靈修精選

陳永財、黃東英 譯

基道出版社

▼

靈修著作精選

祂為愛走過

365 天靈修精選

His Passion

譯者

陳永財、黃東英

責任編輯

羅慧琪

裝幀設計

莫可雅

■

出版／發行

基道出版社

香港沙田火炭坳背灣街 26 號富騰工業中心 1011 室

LOGOS PUBLISHERS

Unit 1011, Fo Tan Ind. Centre, 26 Au Pui Wan St., Shatin, Hong Kong

電話：(852) 2687-0331　傳真：(852) 2687-0281

網址：http://www.logos.com.hk

承印

海洋印務有限公司

●

10/2006 初版

Cat. No. LP621

ISBN-10: 962-457-316-6

ISBN-13: 978-962-457-316-9

Produced with the assistance of The Livingstone Corporation (www.LivingstoneCorp.com). Introductions written by Neil Wilson. Project staff includes David Veerman, Linda Taylor,Joel Bartlett, Ashley Taylor, Kirk Luttrell, Emily Malone, Sharon Wright, Carol Fielding, Elly Johnson, Rosalie Krusemark.

Printed in Hong Kong

刷次	12	11	10	9	8	7	6	5	4	3
年份	2026	2025	2024	2023	2022	2021	2020	2019	2018	2017

序

多個世紀以來，耶穌的追隨者都以敬畏、沉默和重新委身思想祂在地上最後的日子。耶穌忍受的最大痛苦感動我們落淚，推動我們行動。我們珍惜祂最後的話。我們默想帶領祂走向十字架的最後幾小時。我們默觀那粗糙的刑具，視之為珍貴的物品，因為它量度那不能量度的。無論我們將神的愛想像得多麼大，十字架都讓我們看到，祂的愛比我們想像的更大。

在最後的一個星期，耶穌實行教導，與人爭辯，發出呼喊。祂回答一些問題，迴避另一些問題，以真理挑戰敵人和朋友。祂默默無聲地站在指控祂的人面前。祂容許別人將祂釘十字架。祂受死。那些盡自己所能愛祂的人將祂埋葬，並為祂哀哭。

但這哀傷沒有維持多久。接著的一個星期引入一個新世界。那個星期的第一天原來遠遠不單是另一個星期的開始——復活的主日向一切投下明亮的新光輝。正因為這樣，基督受苦的經驗沒有在祂心臟停止跳動的那一刻結束，而是繼續到今天，而且會延續到永遠。

在接著的三百六十五天，讓我們深入耶穌的受苦，透過那些走過這旅程的人的眼睛、思想和言語來看祂。

耶穌進耶路撒冷

奉主名來的是應當稱頌的！

馬可福音十一章9節

耶穌進耶路撒冷

耶穌光榮地進入耶路撒冷，似乎是眾望所歸，但事實上卻是與眾人的願望相違。眾人只是為了眼前的利益而迎接耶穌。他們砍下樹枝、脱下衣服鋪在路上的時候，心裏對耶穌充滿了期望。他們的期望非同一般：他們期望的是一位統治者。他們所渴望的遠超於眼前所見的。

人對耶穌光榮進耶城的態度，顯示出世人非常盼望神的介入，但往往卻因顧及自己的願望而誤解了神的旨意。耶穌受難週的這個序幕讓我們看到，耶穌降臨人世的意義甚至被期待祂的人曲解。它也教曉我們應該接受耶穌的本相。

本部分的篇章不但論及耶穌進耶城前後發生的事情，而且將探討耶穌較早前的事迹及事工，讓我們思考，應該如何對表面所見的事情進行更深層次的理解。我們如何理解耶穌，取決於我們如何看待和理解祂光榮進耶城這件事上。

為了我們

約翰福音三章16節
「神愛世人，甚至將他的獨生子賜給他們，叫一切信他的，
不致滅亡，反得永生。」

神如此深愛世人。愛得多深？深得將祂的獨生子賜給信祂的人。祂用怎樣的方式賜給我們？祂讓耶穌道成肉身，為的是可以永遠和我們在一起。祂讓耶穌死在十字架上，成為贖價，為的是背負我們的罪孽和詛咒。祂給了耶穌天上的權柄，成為我們的代禱者和中保，為的是預備我們的道路，掌管天上的權能。祂把耶穌賜給我們，用聖靈澆灌我們，為的是進住我們的內心，完全地與我們同在。對，這就是神的愛，祂為了我們的緣故，把獨生子賜給我們，與我們同在。

再沒有比耶穌本身更大的了。這就是神的愛，祂賜給我們的不是某事，卻是某人——血肉之軀的人——不是這個或那個祝福，卻是生命與祝福的源頭：耶穌本身。

慕安得烈 (Andrew Murray)

生命在祂裏頭

約翰福音一章1、4節

太初有道……生命在他裏頭，這生命就是人的光。

起初道與神同在，人須受死亡之苦。人必朽壞，神必永在。神的其他屬性也是遠在人之上。人不能餵飽數千餘人，也不能憑血氣之力詛咒無花果樹。是誰在路上困乏？是誰令受造物因祂的道存活？是誰充滿了榮耀？是誰曾經被釘刺穿？是誰的身體在受難週遭鞭傷？是誰的身體得了榮耀？一切都清清楚楚地擺在我們眼前：鞭子打在僕人、即我們的主身上，榮耀也歸於我們的主、曾為僕人的那一位的身上。最終，基督的兩個身分合而為一，祂的各個屬性也同屬這兩種身分。主既以僕人身分受了傷，僕人也得了主的榮耀。正因為如此，十字架稱為榮耀的神的十字架，而萬民都稱耶穌為主，歸榮耀給父神。

女撒的貴格利 (Gregory of Nyssa)

道成肉身

約翰福音一章14節

道成了肉身，住在我們中間，充充滿滿地有恩典有真理。
我們也見過他的榮光，正是父獨生子的榮光。

道成了肉身，使人得以接觸神的智慧，因為神的道，即神一切的真理，並非凡人所能理解。受造物不可能明瞭造物主。然而，道在神子裏面，進入卑微的人的形體，使無形的真理藉著有形的樣式展示出來。

耶穌降卑自己，走進人羣，跟隨祂的也要同樣捨棄自己的身分，身處卑賤，以至將來可以跟祂一樣高升在天上。

人自處卑微、放下自尊，並非易事，但當看見神子的軀體包裹在世俗的貧窮中、躺在人前的時候，就會深受感動，除去內心的驕傲。我們一旦不再熱中於表現自我，就是已經做好了準備，向基督委身。

當我們捨己的時候，那位曾紆尊降貴來到我們當中的主，就會把我們升高到祂所在的位置上。

奧古斯丁 (Augustine)

與我們相同

希伯來書二章17節
所以，他凡事該與他的弟兄相同，為要在神的事上成為慈悲忠信的大祭司，為百姓的罪獻上挽回祭。

耶穌在降世為人的一刻，便放棄了無限的大能，進入自我限制之中。祂陷於血肉之軀中，受會疲倦的肌肉所牽制。在三十多年的歲月裏，祂只能接觸到手臂所及之處，只能以腳步所能及的速度行走。

我忽發奇想，祂有沒有想過運用一下自己無限的能力？在漫長的路途中，祂有沒有想過用飛的方式到達另一個城鎮？在寒雨之中，祂有沒有想過改變天氣？在烈日當空的時候，祂有沒有想過在涼快的加勒比海裏鬆弛一下？

祂就算曾經想過，也從來沒有服從過這些想法。從來沒有。其實，祂從來沒有用超自然的能力來使自己舒服一些。祂只需一聲令下，僵硬的土地就能變成高牀軟枕，但祂並沒有這麼做。

祂只要揮揮手，就可以在兵丁向祂吐唾沫的時候，把唾沫回敬到他們的臉上，但祂並沒有這麼做；祂只要揚揚眉，就可以在兵丁用荊棘編做冠冕戲弄祂的時候，使兵丁的手枯乾，但祂並沒有這麼做。

真是非同凡響。

路卡杜 (Max Lucado)

神與我們同在

馬太福音一章23節
必有童女懷孕生子；人要稱他的名為以馬內利。
(以馬內利翻出來就是「神與我們同在」。)

我們在神道成肉身這個觀念的基礎上，看了許多書籍，相信了許多事情。其實，我們就算僅以人的角度出發，仍能看見神的偉大。舉例來說，耶穌經歷了走路困乏，因此能為我們解困乏；祂渴了要水喝，因此能將生命的泉源賜給渴了的人；祂挨過餓，因此將生命的糧賜給餓了的人。祂經歷了死亡，因此能復活；祂被埋葬，因此能升天。祂被釘在可怕的十字架上，因此能為懼怕的人壯膽。祂使遍地都黑了，因此能帶來光明；祂令地也震動，因此能令世界更有力量。祂使海起風暴，因此能令風海平靜。祂打開死人的墳墓，因此能為生人預備居所。祂是從童女生的，人因此能相信祂是從神生的。祂裝作不知道，因此能令無知的人知道。祂作為猶太人在殿裏敬拜，因此神子能以真神的身分受人敬拜。

安波羅修 (Ambrose)

神的形像

馬太福音一章23節
必有童女懷孕生子；人要稱祂的名為以馬內利。
(以馬內利翻出來就是「神與我們同在」。)

耶穌的降生，讓我們看見神以人軟弱無助的形像出現，神選擇與我們身處相同的位置和處境中——神與我們同在。耶穌的死，讓我們看見神以人受苦的形像出現，神選擇與我們共同進退，而非與我們為敵——神為我們犧牲。耶穌的復活和升天，讓我們看見神以人勝利的形像出現，神進住我們的內心深處——神作為聖靈住在我們裏面。這是耶穌的三個面貌，亦即神的三個面貌。

故此，在這些形像中，我們看見神的榮耀、神的本相。祂是那位與我們同在、為我們犧牲、住在我們心裏的神。我們看見祂的恩典。祂願意賜給我們的就是祂的恩典。祂的恩典就是：祂與我們同在的那種應許，住在我們心裏的那種力量，以及為我們犧牲的那種寬恕。

史密德 (Lewis B. Smedes)

僕人的形像

腓立比書二章6至8節
他本有神的形像，不以自己與神同等為強奪的；反倒虛己，取了奴僕的形像，成為人的樣式；既有人的樣子，就自己卑微，存心順服，以至於死，且死在十字架上。

教會對耶穌的觀點是甚麼？

教會的觀點明確而堅定：拿撒勒的木匠約瑟之子耶穌，無論在事實上還是在真理上，正是神，就是「萬物是藉著祂造的」那位神。

這種觀點，並不是刻板的教條而已。事實上，它根本稱不上是教條。這種觀點的其中一個意思是：不管為了甚麼原因，神既然造了人——即使人受限制、受苦、受死——祂就能坦然無懼地與人共同進退。不管祂跟自己所造之物玩的是一場甚麼樣的遊戲，祂都能同樣地遵守遊戲規則、公平地玩。祂怎樣要求人，就怎樣要求自己。

祂親自經歷了人的經歷，從家庭生活的煩惱，到工作上的諸般制肘及財政緊絀，以至於痛苦、羞辱、挫敗、絕望，甚至死亡。祂既降臨人世，就甘心身為凡人。祂生於貧賤，死於屈辱，但認為這一切都是值得的。

塞耶斯（Dorothy Sayers）

預備進城

路加福音十九章30節
「你們往對面村子裏去，進去的時候，必看見一匹驢駒拴在那裏，是從來沒有人騎過的，可以解開牽來。」

在所有的君王列陣進城的儀式中，耶穌所計劃的進城方式可以說是最卑微的。然而，即使卑微，但卻應驗了先知的話，就是向錫安的居民說，王來到他們那裏。無論是東方的君王，還是西方的將軍，都是騎馬遠征的。然而，錫安的王卻卑微地坐在驢背上，並且那匹驢只是幼驢，即驢駒子。然而，用「從來沒有人騎過的」驢駒子，是恰當的，有尊嚴的，使我們想到其他的事實，例如，祂是從童女所生的頭胎，死後也葬在從來沒有葬過人的新墳墓裏。

祂在尊貴的王之中是最溫柔卑微的，祂沒有閃亮發光的刀劍保衛，沒有攻打那些踐踏以色列的外邦人，也沒有與本族內的仇敵爭戰。人如果打算追隨這樣的君王，就必須拋開自己的驕傲和屬世的抱負，銘記這個真理：屬靈的力量遠勝於任何的暴力。

查德威克(Chadwick)

你的王來到

馬太福音二十一章5節

「要對錫安的居民說：看哪，你的王來到你這裏，
是溫柔的，又騎著驢，就是騎著驢駒子。」

耶穌公然地進耶路撒冷的舉動跟祂以往露面的形式截然不同，或者可以說是並不一致。祂不再囑咐別人要保密，那公然宣告自己是主的時刻到了。這次的進城就是標誌著這個時刻的來臨。從祂打發兩個門徒去牽驢，到接受眾人的歡迎，以至斥責打算陷害祂的法利賽人，一切都可以看作是由祂策劃或准許的：這不但確定了祂彌賽亞的身分，也是叫全國的民都承認。然而，即使在這樣的情況下，祂並不是為了要符合以色列人心目中的彌賽亞形像，而是要應驗先知所說的：「他是公義的，並且施行拯救，謙謙和和地騎著驢」。毫無疑問的，先知在預言中向我們展現了一個與屬世王者的統治相反的國度，在這個國度裏，公義的王是和平之君，卑微而溫柔地降臨，向外邦人傳揚和平的信息，祂的權勢伸延到地極。

埃德斯海姆(Alfred Edersheim)

真人，真神

馬太福音二十一章5節
「看哪，你的王來到你這裏……」

萬物之神及祂使者的來臨已透過先知的口中預表出來……因此，所有猶太人都在期盼著祂的來臨。然而，耶穌的確來到之後，他們卻激烈地爭辯起來。很多人承認了基督的身分，相信祂就是先知所說的王，其他人卻不相信，並且竟然向耶穌施以酷刑，就像祂的門徒所如實記載的那樣。耶穌與祂的門徒都希望，祂的追隨者不僅僅相信祂的神性和神蹟(這樣就忽視了祂也取了人的形像、人的「逆靈而行」的肉體)，也明白祂降臨到人世中，進入人的苦難中。祂具有人的靈魂和肉體。在祂裏面，神性與人性合而為一，使人可以透過與神的結合，高升到神那裏去……在生命中遵守耶穌教誨的人就可以與神相交，與神合而為一。

俄利根(Origen)

因著愛

馬太福音二十一章7節
(門徒)牽了驢和驢駒來，把自己的衣服搭在上面，
耶穌就騎上。

救世主啊，祂心裏燃燒著愛的火燄，
向著耶路撒冷，祂走在別人的前面。
世人的福祉、神的旨意，充滿了祂的思想，
祂甘願流出寶血，甘願被釘在十字架上。
等待祂的是患難，是痛苦，世人無法參透，
呼喚祂的是使命，是慈愛，祂定意向前走。
主啊，我們能怎樣向祢回應？我們要到處傳揚，
向死人宣講祢的拯救，向高升在天的祢高唱。
祢的寶血，祢的榮耀，使我們的眼睛明亮，
我們也背負起十字架，追隨祢，直到天上。

庫柏 (William Cowper)

做真門徒

馬可福音十一章8節
有許多人把衣服鋪在路上，也有人把田間的樹枝砍下來，鋪在路上。

耶穌光榮地進入耶路撒冷，向世人宣告，祂就是那位萬人期待的彌賽亞。祂選的**時間**正值所有以色列人聚集在耶路撒冷的時候，選的**地點**正處於一大羣人都可以看見祂的地方，選的宣告**方式**是不可能被曲解的方式。羣眾都欣喜若狂，確信他們從羅馬帝國的統治中解放出來的時刻快到了。他們正確地知道耶穌應驗了先知的預言，但卻不明白耶穌將要率領他們進入怎樣的國度。他們稱頌神賜下統治者的時候，其實誤解了耶穌。在他們心目中，耶穌應該是他們的君王，為他們復國，恢復往日的輝煌，所以他們對先知的話聽而不聞，對耶穌的使命視而不見。他們愈來愈意識到，耶穌並非為滿足他們的願望而來，於是開始反對祂。同一羣人，就是曾經迎接祂的那些人，卻在數天後祂被審時，極力地喊著説：「把祂釘十字架！」事實上，只憑聚集在一起稱頌耶穌，根本不能做耶穌真正的朋友、真正的門徒。

與在耶城夾道歡迎耶穌的羣眾相比，我們要更深層地理解耶穌的死亡和復活。我們不能因一己的私願而蒙蔽在慶祝和歡呼聲之中。否則的話，我們會忘記做主門徒的真正意義。

靈修版聖經註釋——馬可福音
(Life Application Bible Commentary —Mark)

祂是應當稱頌的

馬太福音二十一章9節
奉主名來的是應當稱頌的！

讚美主！以往與神分隔，需要通過猶太祭物和儀式才能來到神面前的人，如今有了主的邀請，可以透過道成肉身的聖子，直接親近主，與神和好。

在神的偉大計劃中，我們看見人生的真正意義，神的偉大計劃在基督耶穌的身上顯明出來。這是何等震撼人心的事實！是何等發人深省的信息！

祂因著愛倒空了自己，我們才得以滿足；
祂犧牲了自己的身體，我們的身體才得以保全；
祂流出了寶血，我們的罪才得以洗淨；
祂飽受屈辱，我們才懂得寬恕；
祂成就了天父的旨意，我們的生命才有了價值；
祂遭受棄絕，我們才能不再孤獨；
祂被埋葬，我們才得以升天；
祂復活了，我們才不再恐懼；
祂降臨到我們中間，我們才毋須費力找祂；
祂的應許是真實的，我們才能常存盼望！

葛安妮(Anne Graham Lotz)

和散那

馬太福音二十一章9節
和散那歸於大衞的子孫！奉主名來的是應當稱頌的！
高高在上和散那！

高聲歡呼頌揚，
勝利直達天上；
如今我王榮降，
統治萬國萬王。
和散那，讚美！榮耀！
我王啊，萬民向祢跪拜。

主無華衣冠冕，
但祂尊名傳遍；
雖無堂皇盛裝，
和散那，讚美！榮耀！
我王啊，萬民向祢跪拜。

打開心扉向主，
請我主來進住；
祂有無盡恩典，
永遠在你身邊。
和散那，讚美！榮耀！
我王啊，萬民向祢跪拜。

作者不詳

奉主的名

約翰福音十二章13節
奉主名來的以色列王是應當稱頌的！

神子化身為人子，為的是要拯救我們。祂在母胎裏等了九個月……全世界由祂掌管，但祂卻降生在狹窄的馬槽裏……祂被鞭打的時候，保持靜默；祂被釘在十字架上的時候，仍為害祂的人禱告……我們只能對祂作出這樣的回應：以血還血。我們既是基督用寶血贖回來的，就應該甘願向祂獻上自己的生命。有哪位聖人不用參加賽跑就能得到冠冕？事實上，所有的聖徒都經歷了迫害……我們應該選擇哪一條路？短戰一陣子，再積極籌備，然後披上戰衣，在大戰之中奮力拼搏，直到永遠為勝利而歡呼？還是因為連短暫的痛苦都不願意忍受，以致落得一生為奴的下場？

耶柔米 (Jerome)

這些石頭必要呼叫起來

路加福音十九章39至40節

眾人中有幾個法利賽人對耶穌說：「夫子，責備你的門徒吧！」耶穌說：「我告訴你們，若是他們閉口不說，這些石頭必要呼叫起來。」

石頭真的會呼叫嗎？如果那位能讓啞巴開口說話的主下命令，它們一定能呼叫起來。它們如果會說話，一定能見證讚美祂，是大能的祂開口創造了世界，創造了它們；它們一定能頌揚造物主的智慧和大能，是祂使它們存在於世上。祂更新了我們的生命，又能從石頭中給亞伯拉罕興起子孫來，難道我們不也應該讚美祂嗎？石頭如果會說話，一定能講述石匠如何從石礦裏把它們搬運出來，如何把它們打造成建造聖殿的材料；難道我們不也應該講述我們那位大能的工匠，如何用話語打造我們的心，讓我們成為祂殿裏的一員嗎？石頭如果會呼叫，將顯明那位把它們打磨塑造成為宮殿的石匠；難道我們不也應該見證我們的建築師、建立者，那位把我們放置在永生神的殿裏的主嗎？

司布真 (Charles Haddon Spurgeon)

耶穌潔淨聖殿

便教訓他們說：「經上不是記著說：我的殿必稱為萬國禱告的殿嗎？你們倒使它成為賊窩了。」

馬可福音十一章17節

耶穌潔淨聖殿

對某些人來說，耶穌是個危險人物。祂激動起來好像一團火。祂的行動往往出人意表，祂的話語也是出人意表。根據馬可福音記載，祂在光榮地進入耶路撒冷的當日，入了聖殿，周圍看了各樣物件。第二天，祂再次進入聖殿，潔淨了神的殿。祂像一團難以熄滅的火，在殿中施行公義。事實上，這是祂第二次潔淨聖殿。祂第一次潔淨聖殿，是在早期的事工中，當時祂的門徒想起詩篇上記著說：「我為你的殿心裏焦急，如同火燒。」(約二17；參詩六十九9)

耶穌在啟程前往耶城的第二天，咒詛了一棵無花果樹，令門徒都希奇。耶穌告訴他們，無花果樹的枯乾顯明了禱告的力量，他們只要信，必能成就任何事。

本部分中的一些篇章講述了信徒生命裏敬拜的中心。我們一定要採取嚴厲的措施，把喧囂和迷惑從心裏趕出去，才能與神建立長久而親密的關係，把榮耀歸給神。

祂為耶路撒冷哀哭

路加福音十九章41節
耶穌快到耶路撒冷，看見城，就為它哀哭。

耶穌在從伯大尼往耶路撒冷的路上，與門徒登上了橄欖山。在下山的路上，令人歎為觀止的景象展現在路人的眼前。在那一刻，沉默的石頭在為這個景象擔任評述。

和煦的晨光灑在耶穌身上，耶城的牆壁和堡壘沐浴在光中，照射著山谷的另一邊。遠處的耶城在傲然矗立著，宏偉的石壘和牢固的城門掩藏著它被異邦統治的羞辱。

驢駒停下了腳步，一陣哭聲傳進路人的耳中，那是耶穌在哀哭。隨著哭聲而來的是耶穌的話語，道出了祂的哀傷。祂看見了世人眼看不出來的。祂知道耶城將來的厄運，它將被仇敵四面困住掃滅。眼前的雖是堅不可摧的城牆，但耶穌看見的卻是耶城被夷為平地，祂的子民流離失所。

耶穌為耶城而慨歎，因為城裏的人不在乎關係它平安的事。祂雖然看見歡迎祂的羣眾，但知道其中大部分人「並不知道神來眷顧他們的時候」。

我們是否常常大張旗鼓地歡迎耶穌？又是否常常高聲稱頌耶穌但卻沒有委身的行動？我們是否常常知道祂來眷顧我們的時候？

威爾遜（Neil Wilson）

審判將要來臨

路加福音十九章42至43節

「巴不得你在這日子知道關係你平安的事；無奈這事現在是隱藏的，叫你的眼看不出來。因為日子將到，你的仇敵必築起土壘，周圍環繞你，四面困住你。」

我們要先看見神的樣式是透過人的美善和憐憫表達出來，才能定睛仰望耶穌，看祂勇敢地面對迫害殘殺祂的人，看祂為耶城哀哭，為子民流出寶血。我們當然不可以拿著真理的教條去論斷別人。但是，我們也不應該忘記，耶穌雖然為耶城哀哭，但也對它採取了嚴厲的行動。祂不會樂於看見罪人的死亡，但一定會毫不留情地對漠視祂拯救的人嚴加斥責。神的兒子並不是平白地哀哭，也不是無故地流淚，更不是因為自憐而傷心。祂知道靈魂的寶貴，也知道罪孽的沉重，重得能壓垮人。願祂以聖靈把我們的內心從敗壞中清洗乾淨。願每個罪人都能用心領受真理和神的拯救。

亨利 (Matthew Henry)

謙卑不是軟弱

約翰福音二章15節

耶穌就拿繩子做成鞭子，把牛羊都趕出殿去，倒出兌換銀錢之人的銀錢，推翻他們的桌子。

我們一聽見「**謙卑**」一詞，就會聯想到「**軟弱**」。但是，謙卑並不等於軟弱，甚至並不相近。

在克制下的力量。

在自律下的權柄。

耶穌是最謙卑的人。祂是軟弱之人嗎？讓我們看看祂潔淨聖殿的行動。祂在轉瞬之間，拿著用繩子做成的鞭子，把所有人趕出殿去。根本沒有人作出反抗，也沒有人挑戰祂。我不相信膽小鬼能做出這樣的驚人之舉。在場的人之中，沒人敢跟這個來自拿撒勒的人糾纏。祂滿有力量，充滿權柄。但是與此同時，祂又是一位謙卑的人。

耶穌的確是謙卑的。祂極力克制自己的大能。祂被釘在十字架上的時候，大可以召喚成千上萬的天使來幫忙，但卻選擇留守在十字架上，克制著自己的能力……就是因為祂愛我們。

耶利米 (David Jeremiah)

徹底的潔淨

路加福音十九章45節

耶穌進了殿，趕出裏頭做買賣的人。

耶穌的舉動如此激烈，可見祂確實是義憤填膺。祂憤怒是因為祭司等人攔阻了人來到神面前——這常常令神震怒。

我們知道，耶穌先後共兩次潔淨聖殿，一次是在早期事工中，一次則在接近事工的尾聲(約二13～17)。在第一次潔淨聖殿之後，聖殿面貌一新。但是過了不久，有人開始擺起桌子做買賣，由於利潤可觀，於是其他人爭相仿效。死灰又復燃了。耶穌回耶路撒冷之後，在遇難之前再一次潔淨聖殿。

我們往往也處於類似的境地裏。我們首次來到基督面前的時候，耶穌「潔淨我們的殿」，把我們的陋習戒除，賦予我們新的生命，但隨著時間的過去，我們故態復萌，又陷在罪中，再次需要耶穌來潔淨我們。

你的「殿」現狀如何？需要潔淨一下嗎？

勞爾(Greg Laurie)

為神的殿焦急

約翰福音二章16至17節

又對賣鴿子的說：「把這些東西拿去！不要將我父的殿當作買賣的地方。」他的門徒就想起經上記著說：「我為你的殿心裏焦急，如同火燒。」

他的門徒就想起經上記著說：「我為你的殿心裏焦急，如同火燒。」這是因為他們看見，祂為神的殿焦急得把這些作買賣的人從殿裏趕出去。弟兄們，讓我們每個基督徒都為神的殿而心裏焦急，如同火燒吧！誰稱得上是為神的殿而心裏焦急，如同火燒的人？是那些願意在看見不公不義之事時加以指正、願意使別人悔改而不會袖手旁觀的人，是那些他如果無法糾正過錯，就給予忍耐、憐憫的人。因此，讓那份為神的殿焦急的心情把我們燃燒起來，把每個基督徒都燃燒起來，因為神的殿是屬於我們每一個的。我們棲身的居所遠遠沒有我們永遠安息的殿重要。我們住在居所裏只是暫作休息，但在神的殿裏才能得到永遠的歇息。你如果連自己的居所裏存在的問題都無法容忍，又怎能在力所能及的情況下，對神的殿出現的任何不平之事坐視不理呢？那是我們得享主恩、永得安息之所啊！

奧古斯丁 (Augustine)

對聖殿的愛

約翰福音二章16至17節

又對賣鴿子的說：「把這些東西拿去！不要將我父的殿當作買賣的地方。」他的門徒就想起經上記著說：「我為你的殿心裏焦急，如同火燒。」

耶穌冷眼旁觀了片刻，然後在牛羊的叫聲中，在買賣人的喧嘩聲中，高聲講述先知以賽亞和耶利米的預言：「經上記著說：我的殿必稱為禱告的殿，你們倒使它成為賊窩了。」

祂神色凝重，走向兑換銀錢之人的桌子，一個接一個地推翻他們的桌子，銀幣撒在地上，在石頭上滾動。祂又推倒賣鴿子之人的凳子，然後把所有禽畜趕出殿外，口中不斷覆述著斥責這些人的經文。

十二位門徒跟著耶穌，目睹了這一切，其中約翰注意到耶穌的表情：並不只是嚴厲的神情，更流露出深愛之情。約翰能感受到耶穌心裏的愛：對神和聖殿的愛；對受欺詐之人的愛；對做買賣之人和禽畜主人的愛——即使他們陷在貪婪和屬世的罪網中，褻瀆了神；甚至對殿裏祭司長和文士的愛——即使他們辜負了神的託付。

鮑樂基 (John Pollock)

心離開了神

馬太福音二十一章12至13節

耶穌進了神的殿，趕出殿裏一切做買賣的人，推倒兑換銀錢之人的桌子，和賣鴿子之人的凳子，對他們説：「經上記著説：我的殿必稱為禱告的殿，你們倒使它成為賊窩了。」

我們的身體既然是永活真神的殿，我們怎能容許它變成賊窩、變成不潔禽鳥的籠子呢？我們怎能容許不潔的思想充斥在殿裏呢？我們怎能容許自己有不當的思想和行為呢？我們都知道，主耶穌是怎樣懷著熾熱的心潔淨地上的聖殿。祂心裏焦急，如同火燒：祂義憤填膺地推倒兑換銀錢之人的桌子，趕出一切做買賣的人。祂為甚麼如此憤怒？因為殿裏的人把神的殿變成做買賣的集市，使禱告的殿成為賊窩了。

弟兄們，我們是否也常常犯了這樣的罪？我們是否常常任由肉體的情欲、眼目的情欲、今生的驕傲，把我們的心擄走，遠離神？在以前，神的殿曾經是禱告的殿，信心、盼望、仁愛、和平、喜樂及其他聖靈的果子在裏面生長。但是如今，裏面充斥著盜賊。讓我們馬上行動，藉著聖靈潔淨內心的污穢，與神相親相近，以至更配得上榮耀主的名！

懷特菲爾德 (George Whitefield)

禱告的殿

馬太福音二十一章12節

耶穌進了神的殿，趕出殿裏一切做買賣的人，推倒兑換銀錢之人的桌子，和賣鴿子之人的凳子。

祢的殿是我們的心，主啊，正是祢的所在，
請把喧嘩的人羣趕走，讓他們永遠離開。
此處本來是獻上給祢，卻有盜賊蜂擁上場，
我的喜樂慘遭擄奪，祢應得的讚美被強搶。
為他們策劃這些勾當的，乃是魔鬼撒但，
對我威逼利誘，催我放棄平安，換取愁煩。
我認得他們，憎惡他們的吵鬧、他們的敗壞，
但他們的聲音在我心中叫囂，使我難以服事。
祢的同在讓我們歡喜，祢的平安在此處彰顯，
祢帶來愉悦和清靜，因為祢把賊窩變為禱告的殿。
祢令聖殿耀眼生輝，使我相形見絀，俯伏在地，
金銀財寶不是我的，我把原屬於祢的獻上給祢。

庫柏 (William Cowper)

選擇你的立場

馬太福音二十一章15節

祭司長和文士看見耶穌所行的奇事，又見小孩子在殿裏喊著說：「和撒那歸於大衛的子孫！」就甚惱怒。

在耶穌潔淨聖殿之後，人們已經不可以再對祂視而不見或置若罔聞了。他們必須採取一個立場：要麼把耶穌看作是顛覆分子，加以拘禁(死刑最能達到阻嚇之效)，要麼就聽從祂、相信祂、跟隨祂。

在今天，對耶穌置若罔聞是很普遍的現象，因為人們並不細心聆聽祂的話語。當信徒述説耶穌真實事跡的時候，我們並沒有中間路線可走。要麼相信耶穌是神的兒子，是我們的救主，要麼認為祂是妖言惑眾或口出狂言的騙子。

現在，讓我們趁還有時間，在耶穌最後來潔淨這個彎曲悖謬的世界之前，就開始聽從祂、相信祂、跟隨祂吧。

靈修版聖經註釋——馬可福音
(Life Application Bible Commentary — Mark)

團契與靜休

馬太福音二十一章17節
於是離開他們，出城到伯大尼去，在那裏住宿。

耶穌知道休息的重要，於是就休息去了。祂尊重朋友的意願，接受他們的招待，在最後的受難週裏住在他們家中。在剛於耶路撒冷面對完公眾壓力之後，在下一個試煉來臨之前，祂往伯大尼與友人聚集在一起。祂用團契和靜休來抵銷壓力。祂向我們示範了休息的重要。

委身於神的事工有時候會遇上阻力，別人可能會拒絕或誤解我們的好意。魔鬼並不輕易讓步。就算是為神做的事工也會令人疲乏。十誡裏的第四誡如今仍然是適用的。耶穌在適當的情況下(可二27)指出，神設立安息日原是為了我們的益處，但我們不應只為聽從命令的緣故而守安息日。我們可以像耶穌那樣，離開充滿衝突和張力的地方，好好休息一下。伯大尼並不是逃避、躲藏之所，而是重新振作的地方。你常常小休片刻嗎？你有沒有計劃離開工場，找一個靜休的時間和空間去反省、更新？如果沒有休息的空間，門徒事工會令人疲乏。我們必須遵守誡命，騰出時間休息。

靈修版聖經註釋——馬太福音
(Life Application Bible Commentary — Matthew)

耶穌講比喻、答問題

「我現在心裏憂愁，我説甚麼才好呢？父啊，救我脱離這時候；但我原是為這時候來的。」

約翰福音十二章27節

耶穌講比喻、答問題

耶穌寓真理於故事之中，祂的敵人則把武器藏在問題裏。耶穌的寓言瓦解了辯解，打破了爭論，但又讓普羅大眾聽起來與一般故事無異。很多向耶穌提出來的問題，表面的目的似乎是讓大家的好奇心或求知欲得到滿足，但裏面卻暗藏毒刺，企圖陷害耶穌。耶穌從容地以唇槍舌劍來應戰，祂反唇相譏，攻其不備，使對方丟盔卸甲，讓眾人心悅誠服。

真理就算是由耶穌直截了當地講解出來，仍然被眾人的誤解所埋怨。本部分的篇章描述了耶穌在受難週裏，如何面對會眾的目光和質疑，而人們對耶穌的意見漸漸改變，從光榮地進入耶路撒冷面對的歡呼稱頌，到最後眾人喊聲四起，要把祂釘在十字架上。在這個過程中，祂講述的故事和話語成為證據，見證了祂清楚知道以祂為中心的事件的最終結局。

為神的國作好準備

馬太福音二十一章43節
「所以我告訴你們，神的國必從你們奪去，賜給那能結果子的百姓。」

那些貪戀這個世界，被各種享樂的諂媚和欺哄所引誘的人，總妄想在地上長久地活下去……這個世界既然痛恨主的門徒，你為甚麼還貪戀這個憎恨你的地方？為甚麼不轉而跟隨那位救贖了你、深愛著你的主基督？約翰在書信中大聲疾呼，警告我們切勿順從肉體的情欲，貪戀世界。他說：「不要愛世界和世界上的事。人若愛世界，愛父的心就不在他裏面了……這世界和其上的情慾都要過去，惟獨遵行神旨意的，是永遠常存。」親愛的弟兄姊妹，讓我們以清醒的頭腦、堅定的信心、高尚的品德為神的國度作好準備。讓我們拋開對死亡的恐懼，定睛仰望將來的永生。讓我們持守著這個信念，活出我們所相信的基督的樣式……這樣，當祂再次降臨，召我們回到祂那裏的時候，我們就能既不抗拒，也不遲疑。

居普良 (Cyprian)

與身分相稱

馬太福音二十二章11至12節
「王進來觀看賓客，見那裏有一個沒有穿禮服的，就對他說：『朋友，你到這裏來怎麼不穿禮服呢？』那人無言可答。」

福音書裏描述了一個人去參加婚筵的故事。他沒有穿禮服，走進場去，跟別人一同坐下吃喝，因為新郎允許大家進來。但是，當他看見所有賓客都身穿禮服的時候，本應該自己也去找一件穿上，但是他沒有。他雖然跟他們一樣吃喝，但無論在外表還是在內心都跟他們不同……主人看見這個沒有穿禮服的陌生人，對他說：「朋友，你是怎麼進來的呢？心裏懷著甚麼目的？你能進來，不是因為守門口的沒有制止你，而是因為主人慷慨。你真的不知道來婚筵應該穿甚麼樣的服裝嗎？你進來看見其他賓客的打扮，難道不應該馬上仿效嗎？你難道不應該馬上回去換衣服，然後衣著得體地回來嗎？」……於是主人對僕人說：「捆起他那雙擅自闖進來的腳，捆起他那雙不懂穿禮服的手，把他丟在外邊的黑暗裏，因為他不配參加這個喜筵。」我們既然知道這個人的下場，就應該使自己與身分相稱，配得上這個婚筵。

耶路撒冷的區利羅 (Cyril of Jerusalem)

他們本應該知道

馬太福音二十二章15節
當時，法利賽人出去商議，怎樣就著耶穌的話陷害他。

當時是指甚麼時候？就是他們本應該受感動而悔改的時候；就是本應因祂對人的大愛而驚歎不已的時候；就是本應因將要發生的事情而惶恐的時候；就是本應因對從前的預言的認知而相信將來的事的時候。從前所預言的如今已在現實中應驗，甚至稅吏和妓女都已相信，先知和義人也因此遭殺害，面對這些事實，他們不應該再否認，使自己陷入滅亡，而是應該相信，應該醒覺。然而，他們並沒有停止自己的惡行，反而更變本加厲。他們在不能直接加害耶穌的時候（因為怕會眾的壓力），就用陰謀把耶穌陷於險境，使祂背負叛亂的罪名。

屈梭多模（Chrysostom）

納稅的問題

馬太福音二十二章17節
「請告訴我們，你的意見如何？納稅給該撒可以不可以？」

對於這個狡猾而暗藏惡意的問題，只有神才有智慧提供一個兩全其美的答案。耶穌在回答之前，先斥責了他們的惡意和虛偽，可見祂並不迴避這個棘手的問題，而是直接面對。

每個國家都有本國的貨幣。猶太人如果不是受羅馬的統治，所用的就不是羅馬貨幣了。他們拿給耶穌看的銀錢證明了羅馬在統治著他們這塊土地，所以向羅馬政府納稅是合理的。用該撒的錢就必須向該撒納稅，耶穌的回答中的前半部分使希律黨人滿意；而後半部分的「神的物當歸給神」也使眾人滿意，因為這句話有力地表明，納稅並不影響對神的忠誠。神不再像以前一樣是人民在地上的統治者，因此人民向屬世的政府納稅並不損害對神的事奉，甚至反而是基督徒的職分。他們看見耶穌的智慧遠遠超越了他們一直以來所敬重的文士，就甚為希奇。

麥加維和彭德爾頓
(J.W. McGarvey and Philip Y. Pendleton)

復活的問題

馬可福音十二章23節
「當復活的時候，她是哪一個的妻子呢？因為他們七個人都娶過她。」

在針對撒都該人的辯論中，耶穌首先陳明了神的**大能**。神的工作是超乎他們想像的，並不僅僅是使人甦醒而已，而是脱胎換骨。在將來的世界裏，復活並不是為死人恢復原狀——不然的話，何需死亡這個過程——而是人的再生和更新……

耶穌給撒都該人的不僅僅是一個回覆，更是一個答案。在祂之前，沒有人提供一個更偉大、崇高的復活確據。當然，祂向撒都該人説話的時候，仍然引用摩西五經的經文。不過，耶穌所指的不僅僅是律法書，而是整本聖經，是啟示錄背後的意義：最後指向神與人的關係……祂不但是從歷史的角度，也是從所有的角度，稱自己為亞伯拉罕的神，以撒的神，雅各的神，不會因他們死亡而撇棄他們。「神不是死人的神，乃是活人的神。」

撒都該人啞口無言，眾人也希奇祂的教訓，就連其中的一些文士也不由自主地承認：「夫子説得實在不錯」。

埃德斯海姆(Alfred Edersheim)

錯誤的假設

馬可福音十二章24節
耶穌說：「你們所以錯了，豈不是因為不明白聖經，
不曉得神的大能嗎？」

耶穌的教訓惹怒了異端撒都該人，以及法利賽人和希律黨人。祂所述說的復活和永生的真理，遠超於他們所理解的。此時此地存在的人或事物，並不可能論說未來世界裏的事情。真理只要顯露在亮光之中，就可以充分地展示出自己的力量。耶穌使眾人啞口無言之後，接著引述摩西五經中有關復活的教訓。神對摩西說，祂是他那些早已作古的列祖列宗的神。這既說明了這些先人是在一種狀態下存在著的，能夠享受神的恩典，也有力地證明了復活的真理既在新約中存在，也在舊約中早有教導。然而，這個真理要待基督復活之後才完全地顯明出來，基督已經成為睡了之人初熟的果子。所有的錯誤皆源自不明白聖經，不曉得神的大能。

亨利 (Matthew Henry)

最大的誡命

馬太福音二十二章36節
「夫子，律法上的誡命，哪一條是最大的呢？」

律法師向耶穌提問，並不是只問祂的學問，而是考祂的判斷力，愛主我們的神是誡命中的第一且是最大的，並且是一切誡命的總綱。我們愛神一定要真心誠意，而不要只在言語和舌頭上。我們就算把全部的愛向祂獻上，仍然是微不足道的，因此必須盡心、盡性、盡意、盡力地愛祂。第二條誡命是要愛人如己。有一種自私的愛是敗壞的，是萬惡之源，必須加以戒除或禁止；但是也有一種潔身自愛，是我們最重要的職責，我們必須認真地關注自己的靈魂和身體的健康和強壯。我們必須真誠地愛鄰居，像愛自己一樣。在很多情況下，我們甚至必須為別人的益處而捨身。讓我們的心靈藉著這兩條誡命得到陶造。

亨利 (Matthew Henry)

離神的國不遠了

馬可福音十二章34節
耶穌見他回答的有智慧，就對他說：「你離神的國不遠了。」從此以後，沒有人敢再問他甚麼。

如果你的靈首先問：「我應該怎樣敬拜耶穌？」如果你的魂每天想的是：「我知道在哪裏可以遇見祂。」那麼讓我告訴你，你仍然陷在軟弱之中，甚至不清楚自己是否神的兒女。不過我相信，毫無疑問的是，由於在你心目中耶穌是偉大的，你仍處於安全穩妥之中。我不介意你的穿著；你如何看祂榮耀的外衣？我不介意你的傷口，即使它們血流如注；你如何看祂的傷口？它們是否像耀眼的紅寶石？雖然你像討飯的拉撒路一樣躺在糞土上，身體的瘡被狗舔，但我絲毫不看輕你——我不因你的貧窮論斷你。你如何看祂的美？在你的心中，祂是否坐在榮耀的寶座上？你如果力所能及的話，是否願意把祂舉得再高一些？你如果能夠為讚美祂的樂章多加一串音符的話，是否願意為祂捨命？你這樣做才能稱得上是好的。

司布真 (Charles Haddon Spurgeon)

我們對基督的意見如何？

馬太福音二十二章45節
「大衛既稱他為主，他怎麼又是大衛的子孫呢？」

基督與敵人辯論的時候，問他們對彌賽亞的意見如何？祂怎麼既是大衛的子孫又是大衛的主呢？祂引用了詩篇一百一十篇1節。如果基督只是凡人一名，在大衛死後多年才出現，那麼為甚麼祂的祖先大衛會稱祂為主呢？法利賽人無法回答這個問題。沒有人能解決這個難題，除非他把彌賽亞看作是神的兒子，把大衛的主等同為天父。祂取了人的形像，使神的道成了肉身，這樣，祂就是人子、大衛的子孫了。我們應該認真地問：「我們對基督的意見如何？」祂在我們眼中是榮耀無比的嗎？在我們心中是珍貴無比的嗎？讓基督成為我們的喜樂、信心，成為我們的全部。讓我們每天更像祂，更加委身地事奉祂。

亨利 (Matthew Henry)

榮耀祢的名

約翰福音十二章27至28節

「我現在心裏憂愁，我説甚麼才好呢？父啊，救我脱離這時候；但我原是為這時候來的。父啊，願你榮耀你的名！」當時就有聲音從天上來，説：「我已經榮耀了我的名，還要再榮耀。」

何為榮耀神？我們如果不小心的話很可能掉進陷阱裏。「**榮耀**」一詞跟「**美化**」一詞類似。不過，「**美化**」一詞一般指「把某事物變為比原狀更美」，即改善它的美。這跟榮耀神的「**榮耀**」的意思有著不同的著重點。我們不可能把神變為更榮耀、更美。祂沒有改善的餘地，「也不用人手服事，好像缺少甚麼」(徒十七25)。**榮耀**神不是指為神加添榮耀。

「榮耀」一詞更類似「**尊……為大**」一詞。不過，在這裏我們也可能出錯。「**尊……為大**」有兩個不同的意思。在對於神的層面上，這兩個意思一指敬拜，一指吹捧。你可以用望遠鏡或顯微鏡來彰顯事物。你如果用的是顯微鏡，微小的事物看起來比原狀更大：微小的虱子看起來像怪獸一樣大。用這樣的方式尊神為大就是吹捧。你如果用的是望遠鏡，就能看見無比大的事物的原狀。用哈勃太空望遠鏡觀望太空，針孔般的星系便顯露出億萬個星星的原狀。用這樣的方式尊神為大就是敬拜。

派博 (John Piper)

耶穌警告假冒為善的人

「你們中間誰為大，誰就要作你們的用人。凡自高的，必降為卑；自卑的，必升為高。」

馬太福音二十三章11至12節

耶穌警告假冒為善的人

耶穌閱人如閱書，不為封面所動，而是熱切地翻開內頁，檢視人的內心。祂指出，悅目的封面和漂亮的外觀往往掩飾著可恥的故事；祂對這類的著作給予尖刻的評語，但對封面破爛、但金玉其中的作品則愛不釋手。祂對各類的人作精闢的比較，使公義的人無法驕傲，不公義的人必須悔改。

我們跟隨耶穌前行的時候，聽見祂與人交談，聽見祂的話語。我們的心靈在不同的狀態下，不時地認識到需要祂的指正、對質或安慰。我們從祂的話語中，看見祂如何滿有智慧地運用語調和真理，看出祂對我們的關切。我們美觀的外表掩飾不了我們；我們即使向神封閉自己，也不能避免神看清我們的本相。相反地，如果我們向神敞開自己，祂就讓我們經歷到，祂用手指追蹤我們生命中每一行字句的那種親密的感覺。

並非易事

馬太福音二十三章11至12節
「你們中間誰為大，誰就要作你們的用人。凡自高的，必降為卑；自卑的，必升為高。」

我們必須完全遵守耶穌的誡命，以及祂讓我們做真門徒的召命，才能獲得完全的自由，與祂契合。只有那全心全意地跟從耶穌，並且把自己的軛完全交付給耶穌的人，才能感受到他的擔子是輕的，使他能在擔子的輕微壓力下，得到持守真道的力量。耶穌的誡命是難以執行的，是無比困難的，如果我們試圖反抗的話。但是對於那些願意順服的人來説，那軛是容易的，擔子是輕省的。「並且他的誡命不是難守的。」(約壹五3) 耶穌的誡命並不是甚麼靈性上的電擊治療。祂在給我們誡命的同時，也賜與了我們遵守誡命的力量。祂下達誡命的目的從來不是要摧毀我們的生命，而是要建立、鞏固、醫治我們的生命。

潘霍華 (Dietrich Bonhoeffer)

不夠圓滑

馬太福音二十三章16節
「你們這瞎眼領路的有禍了！」

耶穌得罪了當時的宗教領袖，因為祂不拘守他們的規矩和傳統，言行大膽，提倡極端的改變，並且重視那些他們認為卑微、「不可愛」的人。耶穌知道，身為猶太領袖的法利賽人享有超然的權力和地位，喜愛別人尊重自己。然而耶穌也愛法利賽人，希望他們認識自己的確切身分，知道自己遠離了神的國度。

祂對他們說了些甚麼？如果說耶穌不夠圓滑，未免說輕了。試想像一個場景：所有地位顯赫的宗教領袖和精英聚首一堂，來聽耶穌的演說……他們一坐下，耶穌走出來，劈頭就說：「你們這些蛇類，裏面裝滿了污穢，就像腐屍走路。你們假冒為善，是瞎眼領路的。謝謝你們到來。」這些話語顯然不能取悅法利賽人，正如祂的門徒突然醒悟過來，對祂說：「法利賽人聽見這話，不服，你知道嗎？」(太十五12)

貝碧琦 (Rebecca Manley Pippert)

言行大膽

馬太福音二十三章16節
「你們這瞎眼領路的有禍了！」

耶穌對不幸的人是溫柔的，對真誠求問的人是耐心的，對天父是謙卑的，但是對受人尊敬的文士卻嚴辭厲色，直斥他們為假冒為善的人。祂稱希律王為「那個狐狸」，又跟名聲不好的人坐席，被別人說成「是貪食好酒的人，是稅吏和罪人的朋友」；祂憤慨地譴責做買賣的人，把他們和他們的財物趕出聖殿；祂在一些神聖和傳統的律法上面橫衝直撞；祂隨手醫治趕鬼，毫不在意地把鬼趕進別人的豬羣，即別人的財產裏；祂對財富和社會地位視若無睹；在面對質問的時候，祂用似非而是的幽默話語斥責那些嚴肅的人，並以尖銳的問題反唇相譏，使他們啞口無言。顯然，祂作為一個人來說，並不是沉悶的人，而作為神來說，也不是沉悶的神。祂「每天散發的美令我們顯得醜陋」，而掌權的人則認為沒有他在，現存的社會秩序會更加安全穩固。因此，他們以維護和平與治安為名，把祂剷除掉。

賽耶斯 (Dorothy Sayers)

神要求的裝束

馬可福音十二章38至39節

耶穌在教訓之間，說：「你們要防備文士；他們好穿長衣遊行，喜愛人在街市上問他們的安，又喜愛會堂裏的高位，筵席上的首座。」

不要追求恭維的話語，免得你在贏得人的讚美時，惹怒了神，因為基督的精兵在右有善言、左有惡語的道路中間前進，既不因讚美而雀躍，也不因批評而喪志。他們富貴不能淫，貧賤不能移，既不過喜也不過悲；白日太陽必不傷他們，夜間月亮也必不害他們。不要在街角祈禱，以免人的讚揚打斷了你的禱告。不要用衣裳的繸子作招搖，或佩戴經匣作炫耀，或以法利賽人的私利作外衣。你知道神要求我們穿著甚麼嗎？智慧、公義、節制、剛強——就讓它們勾畫你的境界吧！讓它們成為你的四駒馬車，使車上的你，基督的車夫，全速地向目標進發。沒有其他首飾比它們更加珍貴，也沒有其他瑰寶比它們更加光彩照人。此後，你擁有奪目的外表，全副武裝，得到最穩妥的保護。它們既是你的保護，又是你的榮耀，既如珠如寶，又是你的盾牌。

耶柔米 (Jerome)

神聖的化身

路加福音二十章46節

「你們要防備文士。他們好穿長衣遊行，喜愛人在街市上問他們安，又喜愛會堂裏的高位，筵席上的首座。」

我們可能認為，法利賽人憎恨耶穌是因為遭到了祂的抨擊。當然，沒人願意受批評，尤其是聽慣讚美的人。然而，法利賽人的毒恨遠比這還深。我們可以假設，就算耶穌沒有跟他們說過一句話，他們仍然蔑視祂。事實上，祂的出現已足以令他們退避三舍。

有人說，能最快驅散謊言的就是真理，能最快暴露贋品之虛假的就是真品。耶穌的出現，就等於真品在贋品之中脱穎而出。祂神聖的光輝令假冒為善的人相形見絀。

道成肉身的耶穌不再屬於這個世界，已經升了天。如今，沒有人可以親眼看見祂，親口跟祂交談，但是祂的神聖仍然有懾人的權柄。有時候，這種權柄能透過祂的子民顯露出來。以前，西乃山下的猶太人看見摩西的面皮發光就怕挨近他；今天，人們在基督徒面前感到坐立不安。

史普羅 (R.C. Sproul)

文士的錯誤

馬太福音二十三章23節
「你們這假冒為善的文士和法利賽人有禍了！因為你們將薄荷、茴香、芹菜獻上十分之一，那律法上更重的事，就是公義、憐憫、信實，反倒不行了。這更重的是你們當行的；那也是不可不行的。」

法利賽人太熱中於守法，因此不斷訂立新的傳統和規矩來遵守。在這個過程中，他們變得比神更嚴厲。耶穌指責他們，他們給人增加了不是出於神的屬靈負擔。神聖是指像神一樣聖潔，而人如果在祂的本相、祂的屬性、祂的要求上擅自加以增減，就等於遠離了祂。不神聖的人並非指惡人，有時是指比神更嚴厲的敬虔人。

耶穌並不欣賞法利賽人式的公義，他們愈是強調外表上的敬虔，愈是內心腐敗，因此耶穌對他們嚴加斥責。他們歪曲了真理。

我們如果不謹慎，也會誤把守好行為等同於愛耶穌。

司道維 (Joseph M. Stowell)

你的內心如何？

馬太福音二十三章27節
「你們這假冒為善的文士和法利賽人有禍了！因為你們好像粉飾的墳墓，外面好看，裏面卻裝滿了死人的骨頭和一切的污穢。」

最重要的是，基督徒的生命關係到內心的愛意，而不是拘泥於原則或守則之中，或完全由各種步驟和程式所規管。我們不能單靠導人公義的道德守則來生活。

福音真理的原旨是釋放我們，使我們盡心地愛神、愛人。我們如果忽視了信仰中內心的層面，而單單靠遵守教條或道德規範活出信仰，我們的信仰就會失去平衡，墮入歧途，使我們的靈魂遠離神的心意。

律法師和文士所相信的是能取悅神的生活規條，因此與耶穌產生衝突。他們堅稱，履行責任、安份守己和事奉等外表可見的生活表現才是最重要的。耶穌說：「你們大錯特錯了。其實，你們是行屍走肉(粉飾的墳墓)。神看重的是裏面的生命，是內心的生命。」(太二十三25～28；編按：依原文翻譯) 從舊約到新約，神一直最看重的就是內心的生命。

我們的內心是基督徒生命的關鍵。

柯提斯和艾傑奇 (Brent Curtis and John Eldredge)

最好的禮物

路加福音二十一章3至4節

就說：「我實在告訴你們，這窮寡婦所投的比眾人還多；因為眾人都是自己有餘，拿出來投在捐項裏，但這寡婦是自己不足，把她一切養生的都投上了。」

這位寡婦向庫裏投的只有兩個小錢。然而，她已經把一切養生的都投上了。因此，聖經說，她獻給神的禮物比富人捐獻的更加珍貴。這種捐獻的價值不是按份量計算，而在於捐獻者的心意。因此，我不希望你們只向神奉獻盜賊可搶或者敵人可奪的數額。不要獻給祂在法律下能被沒收或者價值能升跌的財物，不要獻上隨波逐流的財主的財物。簡而言之，不要獻上你死後無法帶走的財物。你要獻上的，是敵人不能奪走、暴君無法強搶的財物。你要獻給神的，是能帶進墳墓裏的，或者說，是能跟你一起進入天國、進入美好天堂裏的禮物。

耶柔米 (Jerome)

耶穌預言將來

「所以，你們要警醒，因為不知道你們的主是哪一天來到。」

馬太福音二十四章42節

耶穌預言將來

耶穌在受難週裏，多次特別向門徒提及將來的事，讓他們警醒，同時也為將來的信徒提供了指引。祂在重申自己將離開世上之後，開始講述祂不在時的情況。不過，祂的教誨和比喻裏常常蘊含著「暫時性」。假先知在祂最後降臨之前出現。新郎最終將回來。家主可能離開本家很長一段時間，但將忽然回來。耶穌讓跟從者預備好受苦，預備好等待，預備好祂的再來。

在本部分的篇章中我們看到，耶穌針對祂離開後、但身體仍透過教會與門徒同在的這段期間，給予門徒教誨。祂命令他們，要充滿盼望地做好準備。沒有人需要用上超過一生的時間才能與耶穌相遇。

溫柔的心

馬太福音二十三章37節

「耶路撒冷啊，耶路撒冷啊，你常殺害先知，又用石頭打死那奉差遣到你這裏來的人。我多次願意聚集你的兒女，好像母雞把小雞聚集在翅膀底下，只是你們不願意。」

耶穌不但內心溫柔，而且情感豐富，正是羊羣應該追隨的牧羊人。祂聖潔的情感流露出善良和仁愛；祂對神、對人的愛是無比熾烈、旺盛和有力的，是古往今來的最佳典範。祂在「禱告更加懇切」、「大聲哀哭，流淚禱告」的時候，在血淚之中搏鬥的時候，祂豐富的情感讓祂在極其傷痛的掙扎和矛盾之中取得了最終的勝利。祂聖潔的愛勝過了死亡的權勢。祂在掙扎之中，甚至在甚是憂傷、幾乎要死的景況中，仍然勝過了人性上恐懼和哀傷的情緒。

祂在整個人生中，流露出豐富的情感。如詩篇六十九篇所預示，祂心急如焚：「我為你的殿心裏焦急，如同火燒」(約二17)；祂為人的罪而憂愁：「耶穌怒目周圍看他們，憂愁他們的心剛硬」(可三5)；祂想起人的罪和苦難就為他們哀哭。眼裏看著耶路撒冷城和城裏的人，祂哀哭道：「耶路撒冷啊，耶路撒冷啊……！」

愛德華滋 (Jonathan Edwards)

將發生的事

馬太福音二十四章7至8節
「民要攻打民，國要攻打國；多處必有饑荒、地震。
這都是災難的起頭。」

為神爭戰的人，既已蒙召成為神的精兵，就希望預言裏的事情成真。神既已告訴我們將發生的事，我們就不會因地上的風暴而驚慌恐懼。祂的警告使祂的子民得到引導、教誨、預備和力量，以致能夠忍受將發生的事。祂預示道，多處必有戰亂、饑荒、地震和災難。為免我們被層出不窮的罪惡動搖，祂預先提醒我們，在末了的日子患難將愈來愈多。各位，神的國就要降臨了。隨著這個世界的消逝，生命的賞賜、永生的應許、永遠的喜樂和天堂就要來到了。事實上，神的國度正在取代人的國度，大使命正在取代人的事情，永恆的事情正在取代轉瞬即逝的事情。我們已經再沒有憂慮和擔心的餘地了。在這種轉變當中，只有失去盼望和信心的人才驚慌失措；只有不願意歸向基督的人才懼怕死亡；而只有不相信能與基督一起為王的人才不願意歸向神。

居普良(Cyprian)

假先知

馬可福音十三章22節
「因為假基督、假先知將要起來，顯神蹟奇事，倘若能行，就把選民迷惑了。」

假先知最可怕之處在於，他們假奉神的名傳話：「就是先知說假預言，祭司藉他們把持權柄；我的百姓也喜愛這些事」(耶五31)。

這些人幾乎常常顯得積極樂觀，願意與基督徒在一起，也知道如何像信徒一樣行事為人。

假先知有敬虔的外貌，更容易欺哄人了(見提後三13)。不過，你可以留意他們迴避哪些話題，來分辨他們的本色。他們一般不否認基礎的神學觀，例如耶穌的神性和救贖、人的罪性、不信者下地獄等，但卻對這些「具爭議性」的真理置若罔聞。

你們當中如果有假先知，你絕不能對他的存在或他異端邪說的破壞力置若罔聞。

麥克阿瑟 (John MacArthur)

燈裏沒有油

馬太福音二十五章3至4節
「愚拙的拿著燈，卻不預備油；聰明的拿著燈，又預備油在器皿裏。」

愚拙的人虛有其表地拿著燈。他們每個月不止一次地上教會、禱告、聽道、捐獻、領聖餐，但是問題在於：他們的燈裏沒有油，他們心裏不懂感恩，生命沒有活出信仰……一言而蔽之，他們從未真正體驗過永生的力量。他們以為做基督徒不用內省……

當我在描述這些愚拙人的時候，你們在座各位，是否有不少人在心裏悄聲說：「我也是這些愚拙的童女中的一個，因為我在內心裏和行為上都很接近她們……」？請不要噤聲，卻要勇於承認，也許我們那位對真心地求問祂的人有豐富憐憫的神，正透過這篇愚拙的講章在你的心中工作，使你在回家之前已變得聰明。

懷特菲爾德 (George Whitefield)

聰明的人預備油

馬太福音二十五章3至4節
「愚拙的拿著燈，卻不預備油；聰明的拿著燈，又預備油在器皿裏。」

聰明的童女也拿著燈，跟愚拙的童女無異，所以並非愚拙的人在形式上敬拜神，而聰明人不重視形式。不是這樣的：法利賽人和稅吏都進聖殿禱告，聰明和愚拙的童女可能也是去同一個地方敬拜神，接受相同的教誨和牧養。不過，聰明的人為他們的燈預備油在器皿裏，他們雖然跟隨了形式，但不停留在形式上。他們禱告時所說的正是內心的話語，反映出他們內心真正的情感。他們不怕追求真理，在牧師讓他們認罪的時候，也不覺得受辱；他們並不自義，卻願意耶穌基督因拯救萬民而得榮耀；他們堅信，只有憑信心才能領受耶穌的恩典。當然，他們也會謹慎地作出好行為，就好像因行為稱義一樣。總括來說：他們的順服是出於愛和感恩，並且是樂意的、恆常的、統一的、無分彼此的，就像天使順服我們在天上的父一樣。

懷特菲爾德 (George Whitefield)

作好準備

馬太福音二十五章13節

「所以，你們要警醒；因為那日子，那時辰，你們不知道。」

每一代的基督徒都在有生之年盼望著基督的再臨。他們的盼望都落空了。

假設耶穌説：「我將給你們三千年的時間把福音傳遍世界，然後，我將在公元三〇〇一年一月一日上午九時正回來。」那麼，這樣的應許對之前幾十世紀的信徒有甚麼意義呢？他們在受苦、被逐、殉道的時候，如果知道祂不會很快回來，他們能從祂的應許中得到怎樣的安慰呢？教會如果知道在聽祂吩咐行事之前，仍有一些時間做自己想做的事情的話，現在會有怎樣的後果呢？我們還能有急迫感、分別為聖的迫切性和殷切的盼望嗎？

耶穌的用意是：希望所有門徒都能充滿盼望地生活，積極工作，盡力成全祂的道，活出聖潔的生命，以至祂再來的時候，問心無愧。

斯圖爾特．布思高 (Stuart Briscoe)

耶穌被賣

當下，十二門徒裏有一個稱為加略人猶大的，去見祭司長，說：「我把他交給你們，你們願意給我多少錢？」他們就給了他三十塊錢。

馬太福音二十六章14至15節

耶穌被賣

雖然我們每人都是出賣耶穌的一分子，但當中仍然需要一個核心人物來執行這項計劃。出賣耶穌是一項內部策劃的陰謀。這個計劃也需要配角，而眾人之中不乏候選人：假冒為善的宗教領袖、腐敗和怕事的政治領袖，也需要其他複雜的宗教因素來配合。在歷史上，大部分人都喜歡把責任推卸給猶大或猶太領袖的身上，這個看法未免過於片面，因為最終我們每個人都要對耶穌被釘十字架的事情負責。聖經描述了在耶穌受害的事情上，若干角色在暗中的活動，但事實上，我們每一個人都是製作人員。耶穌是為了我們被出賣，被釘十字架。

以下幾個篇章論述了關連到耶穌被出賣的事件和人物。我們從中清楚看到，神怎樣把人憤怒及罪惡的舉動轉化為祂永恆計劃中的組成部分。

出賣耶穌

馬太福音二十六章14至15節
當下，十二門徒裏有一個稱為加略人猶大的，去見祭司長，說：「我把他交給你們，你們願意給我多少錢？」他們就給了他三十塊錢。

一直以來，我們對猶大的看法都是莫衷一是的。一些人因為他出賣耶穌而對他恨之入骨，一些人則可憐他，認為他不知道自己在幹甚麼。有少數人試圖把他看成是英雄，因為他幫助耶穌完成了地上的使命。有一些人質問神是否公平，為何讓一個人獨自承擔這個罪名⋯⋯

猶大出賣了耶穌，犯下歷史上最大的錯誤。其實，耶穌知道猶大將出賣祂，並不表示猶大是神旨意下的傀儡。做出選擇的人始終是猶大本人。神知道他將做出怎樣的決定，神只是證實這個決定而已。猶大並沒有失去與耶穌的關係，事實上，他從來沒有跟祂建立過關係。他被稱為「滅亡之子」，因為他從未得到拯救。

猶大如果能令我們三思對神的委身、聖靈與我的同在的話，也算是幫了我們一把。我們是真的門徒、真的追隨者嗎？還是從未委身的虛偽之徒？我們可以選擇絕望和死亡，或者選擇悔改、饒恕、希望和永生。猶大的出賣把耶穌送上十字架，使我們有再次做出選擇的機會，而這也是最後的機會。我們應該接受耶穌的無價恩典，還是像猶大一樣出賣祂？

靈修版聖經 (Life Application Bible)

權力遊戲

馬太福音二十六章16節
從那時候，他就找機會要把耶穌交給他們。

耶穌生前與人同在的時候，確實是放棄了自己的權能。祂不是有所保留地假裝跟我們一樣有限——祂確實是跟你我無異。我們不喜歡這個事實，想方設法地加以否認。我們要把祂看成是那名喬裝打扮的扶輪社會員，可以走進電話亭，脫下外衣，然後向我們顯露真正的身分——公元一世紀裏的超人。

猶大是其中一個不願接受這位能力有限的彌賽亞的人。在聖棕樹主日，權力本來是在彌賽亞的掌握之中，以人的理智看來，祂本來應該掌管大權，因為這正是祂凝聚民眾力量的大好機會，是祂掌握權力的好時機。然而，耶穌卻任由它溜走了。

有一些人認為，猶大出賣耶穌，為的是逼祂玩這場權力遊戲，建立起祂自己的一套法規。持這套理論的人聲稱，猶大當時認為，耶穌也許會在被逼得走投無路的時候，就會扭轉被動的局面，奪取權力。假若這是猶大的計劃，那麼完全事與願違。也許當他看見，他試圖操控耶穌，逼祂展示權力的舉動，最終只是導致了耶穌——那位無條件地愛他的主——被釘在十字架上，他就出去吊死了。

坎波羅 (Anthony Campolo)

你們中間有一個

馬可福音十四章18節
他們坐席正吃的時候，耶穌說：「我實在告訴你們，你們中間有一個與我同吃的人要賣我了。」

耶穌以低沉、嚴肅的語調開口說話，話裏的每個字都是沉重有力的，預示著將發生的事：「你們中間有一個人要賣我了。」

這句宣言就像平地一聲雷。

怎麼可能呢？祂剛為他們洗完腳。他們當中怎麼可以有人如此殘忍，如此忘恩負義呢？

他們(包括猶大在內)一個一個地問耶穌：「是我嗎？」

就在那一刻，錢囊已悄悄地束在猶大的腰上，裏面滿滿地藏著血錢。那錢囊一定像燒紅的鐵一樣烙在他心上。他一邊身懷這筆充滿罪惡的錢財，一邊卻裝作若無其事，實在是厚顏無恥以極。這種的厚顏無恥令人震驚，因為人似乎不可能做出如此狡詐的禽獸行為。然而，他竟然做了。

猶大的問題在於，他根本沒有將自己順服於耶穌之下，沒有完全地向祂降服。他從來沒有接受耶穌作王作主。問題就是這麼簡單。這也說明了，他或者我們中間任何一個，為甚麼能墮落到人面獸心的地步。

腓力浦 · 凱勒 (W. Phillip Keller)

撒但入了心

路加福音二十二章3節
這時，撒但入了那稱為加略人猶大的心。

我們無論如何想像也難以理解猶大的可怕行為。很明顯，它的源頭是出自爭強好勝的思想，然後在充滿怨恨的心裏慢慢滋生出來……

耶穌與猶大成為密友達三年之久，他們共同生活，共同前進，共同吃喝，共同在樹下睡覺，共同看日出，同喜同悲，共同談論真理，共同走過崎嶇的道路……

但是猶大感到受了傷害，覺得自尊心受損，開始自憐起來，心中燃燒著敵意。他對摯友劍拔弩張，定意要毀滅祂。愛變成了恨……

背後的原因仍然隱藏在謎團當中，我們即使盡力探究，仍不得其解。

我們可以肯定的是，此人陰險黑暗的靈魂為撒但提供了一個適合的場地，來攻擊我們的救世主。

有關這可怕時刻的文字記載，全都凝聚在這一句令人不寒而慄的話裏：「撒但入了猶大的心。」

腓力浦．凱勒 (W. Phillip Keller)

耶穌為門徒洗腳

逾越節以前，耶穌知道自己離世歸父的時候到了。他既愛世間屬自己的人，就愛他們到底。

約翰福音十三章1節

耶穌為門徒洗腳

耶穌為了使門徒能面對祂離世所帶來的打擊，事先做了很多預備工作。祂不但向他們解釋自己受死的原因，也預告了自己將怎樣受死。祂使他們預嘗震驚的滋味，以致於他們最後能受得了最大的震撼。祂透過接觸那些被世人厭棄的人，愛那些並不可愛的人，甚至在最後的晚餐前彎腰為門徒洗腳，來示範出祂可以服事人到何等的地步。祂把愛貫注在手巾和盆裏，向門徒顯示出服事的真正意義。

耶穌的愛心服事在十字架上達到了頂峯，而在此之前的服事例子也是枚不勝舉。很少人能像耶穌跪在彼得及其他門徒面前為他們洗腳那樣，使我們驚歎，令我們動容。讓我們在閱讀以下的篇章的時候，反省一下祂的榜樣怎樣影響了我們的生命吧。

你能像祂那樣愛人嗎？

約翰福音十三章3至5節

耶穌知道父已將萬有交在他手裏，且知道自己是從神出來的，又要歸到神那裏去，就離席站起來，脫了衣服，拿一條手巾束腰，隨後把水倒在盆裏，就洗門徒的腳，並用自己所束的手巾擦乾。

耶穌早已知道，其中一個門徒已經決定要賣祂了，另一個門徒則在第二天早上要不認祂；甚至在當晚，他們全都將離祂而去。在接下來的幾個鐘頭裏，他們將不斷地表現出自己的無知、懶惰和缺乏信任。當時的情形就好像是一羣污合之眾聚集在上流的宴會廳裏。耶穌雖然有許多合理的理由來拒絕他們，但卻仍然選擇了盡己所能地愛他們。祂在門徒面前的一舉一動、說的話語和表達的感情都流露出無比的愛，而祂的門徒既不配受這樣的愛，也不能即時明白這樣的愛。

耶穌完全了解我們，就像了解祂的門徒一樣。祂完全了解我們甚麼時候和怎樣地不認祂、離棄祂。即使這樣，祂仍然甘願為我們捨命。祂不斷地表露對我們的愛，並且主動地接觸我們。祂繼續在聖餐中服事我們，透過聖靈引導我們、鼓勵我們。祂服事我們，就像我們彼此服事一樣。我們準備好以耶穌示範出來的愛來愛人如己嗎？

靈修版聖經註釋——約翰福音

(Life Application Commentary — John)

祂來了是做僕人

約翰福音十三章3至5節

耶穌知道父已將萬有交在他手裏，且知道自己是從神出來的，又要歸到神那裏去，就離席站起來，脫了衣服，拿一條手巾束腰，隨後把水倒在盆裏，就洗門徒的腳，並用自己所束的手巾擦乾。

我們必須學習每天在生活中敬拜神。就算我們每週在教堂裏參與正式的、令人振奮的崇拜，但仍然是不足夠的。無論我們身在何處，聖靈都與我們同在，因此我們每時每刻都可以敬拜祂。

問題的關鍵在於，你是否有永恆的眼光。你無論到哪裏，無論做甚麼，主耶穌都渴望成為你永久的夥伴。你整天都有機會敬拜讚美祂。祂連門徒的髒腳都洗過了，所以你的工作細節祂也會照顧週到。

如果你習慣了跟祂相處，永恆的眼光就會在你的靈魂深處紮根。你將開始以神的眼光看世界，試煉就會看起來小得多，而祝福也愈見明顯。你將以主耶穌的眼光看每一個人，以至甚至有一天為別人洗起腳來。

你無論去哪裏，那裏都將成為一個美好的地方；無論做甚麼，都會充滿難掩的喜樂，因為你有神在身邊。

耶利米 (David Jeremiah)

每日潔淨

約翰福音十三章5節
隨後把水倒在盆裏，就洗門徒的腳，並用自己
所束的手巾擦乾。

耶穌深愛祂的子民，所以每天都為他們付出， 這情形就像為他們洗髒腳一樣。祂能接受他們最差的行為，感受他們最深的哀痛，聆聽他們最微小的願望，寬恕他們每一項的過犯。祂既是他們的朋友和夫子，也是他們的僕人……祂拿著毛巾和水盆與子民同在，既謙卑又有耐心。祂每天都這樣為我們洗淨軟弱和過犯……耶穌一次性地赦免了罪人，使他們能進入神的家，由此表現出永恆的愛；耶穌也長期容忍了反覆無常的門徒們週而復始的愚行，由此表現出溫柔和忍耐；祂每天每刻都在潔淨摯愛子民數不勝數的過錯！……我們因每日蒙主潔淨而感到舒適和平安，因此能不斷提高警覺，更迫切地渴望分別為聖。**事實真是如此嗎？**

司布真 (Charles Haddon Spurgeon)

愛的明證

約翰福音十三章6節
挨到西門彼得，彼得對他說：「主啊，你洗我的腳嗎？」

耶穌透過為門徒洗腳來表達對他們的愛，就像那名婦人用眼淚濕了耶穌的腳，又用自己的頭髮擦乾，來表達對基督的愛（路七38）。耶穌藉此顯示出，祂對他們的愛是永恆不變的，也是降卑的——祂切實執行了道成肉身的計劃，願意降卑自己——以至於祂即將達到的那種升高後的榮耀，將不會阻隔祂為選民預備的恩典；祂也藉此實現了向所有聖徒作出的應許，就是：**主人必叫他們坐席，自己束上帶，進前伺候他們**（路十二37），意即賜與他們令其驚歎的莫大的榮耀，就像主人伺候僕人一樣。門徒剛剛因那婦人用極貴的香膏澆祂的頭而很不喜悅（太二十六8）；由此可見他們對祂的愛是極其薄弱的，然而，祂現在卻以實際行動向他們證明了自己的愛。我們的軟弱放在基督的恩慈的上面，更襯托出主愛的偉大。

亨利（Matthew Henry）

出賣者的腳

約翰福音十三章10至11節

耶穌說：「凡洗過澡的人，只要把腳一洗，全身就乾淨了。你們是乾淨的，然而不都是乾淨的。」耶穌原知道要賣他的是誰，所以說：「你們不都是乾淨的。」

祢忍受惡人的榜樣是何等的偉大！祢紓尊降卑的榜樣又是何等的偉大！耶穌以身作則地教導我們，不應該放棄勸導鄰居，即使他們對我們的話語無動於衷。其中的用意何在？頑疾不能用重藥或賞心悅目的方法來醫治。因此同樣地，靈魂一旦被擄掠，就向邪惡投了降，拒絕再思想對它有益的事，就算聽見了忠告，也不接受，就好像耳朵聾了一般，任何意見也聽不進去。並非做不到，而是不願意做。猶大的情形就是這樣。即使這樣，基督雖然一早已經知道結果，但仍然沒有停止對猶大作的善工。我們既已看見耶穌的作為，就不應停止勸人歸正，即使我們的努力表面看來並不奏效。

亞歷山太的狄奧尼修斯 (Dionysius of Alexandria)

我們的呼召

約翰福音十三章14節
「我是你們的主，你們的夫子，尚且洗你們的腳，
你們也當彼此洗腳。」

驕傲把活力從我們的個性中吸乾。伯爾納的教誨充滿智慧，他指出，基督徒要守四德：第一，要謙卑；第二，要謙卑；第三，要謙卑；第四，要謙卑。他還指出，我們大部分人都希望免受羞辱而得謙卑。可惜的是，這是不可能的。在我們的個人特質裏，自大是最不可愛的。我們的自我主義形成了障礙，把神與祂在我們身上要成就的計劃分隔開來。

我們身為僕人，要成為祭司。祭司是土壤——是作為媒介的一撮泥土，供神和有需要的人站在上面相遇。我們的工作是傳揚福音，這是無比榮耀的。我們像大祭司耶穌一樣，也穿上恩典的長袍，使祂藉著我們再一次道成肉身。我們是詩人惠特曼筆下的「發自內心」的「誠心所願」。我們必須同樣地向有需要的世人疾呼：「你如果需要我們，就俯視自己腳底下的泥土吧！」我們的謙卑很容易透過樂於助人的行為顯露出來。服事是我們的職責。既然天上的主已為門徒洗腳，我們的呼召是再清楚不過的了。

米勒(Calvin Miller)

我們的榜樣

約翰福音十三章14至15節

「我是你們的主，你們的夫子，尚且洗你們的腳，你們也當彼此洗腳。我給你們作了榜樣，叫你們照著我向你們所做的去做。」

耶穌為已經洗乾淨身體的門徒洗腳，藉此向我們傳達了一個信息，希望我們明白，我們被罪捆綁，而祂正是為此代我們贖了罪，使我們潔淨……祂洗腳這件事與祂其後的捨命之舉之間有何關連呢？當祂解釋自己為門徒洗腳的意義説：「我是你們的主，你們的夫子，尚且洗你們的腳，你們也當彼此洗腳。我給你們作了榜樣，叫你們照著我向你們所做的去做。」我們應該如何理解呢？使徒雅各對此作了清楚的説明：「所以你們要彼此認罪，互相代求。」主在這方面給我們作了榜樣。既然耶穌，今往將來都無罪的耶穌，為我們的罪代禱，我們更應該懇切地互相代求！並且，如果耶穌，對我們毫無虧負的耶穌，寬恕了我們，罪人如我們更應該彼此寬恕！

奧古斯丁 (Augustine)

老練的人

約翰福音十三章15節
「我給你們作了榜樣，叫你們照著我向你們所做的去做。」

在我們被神陶造成為僕人的過程中，老練漸漸生了出來。但是，當中的痛苦何其難熬！神錘鍊我們更像基督的時候，我們最難忍受的就是傷害。我們求神用毛氈把錘頭包裹起來，但是，鐵錘仍然像雨點般不斷砸著砧上的鐵。一些人確實為了基督而殉道。有時候，我們蒙召要服事的，正是那些不知感恩的人，那種痛苦打擊了我們的士氣，把我們踩在排斥和孤單的底下。

不幸的是，事奉人正是我們事奉神的惟一途徑，而事奉人意味著我們難免在過程中受傷害……

腓立比書二章寫道，耶穌虛己，成為人的樣式。現在，我們必須謙卑自己，成為僕人，成為老練的人，而被釘十字架可能是任何想成為僕人的基督徒的悲慘結局。原因何在？讓我們思想一下成為僕人的方法：我們必須轉過臉由人打，而若有人強迫我們走一里路，我們就要同他走兩里！愛仇敵，以及為逼迫我們的禱告，都是可怖卻又是把我們塑造成基督的形像的必然方法。

米勒 (Calvin Miller)

降卑的服事

約翰福音十三章16節
「我實實在在地告訴你們，僕人不能大於主人，
差人也不能大於差他的人。」

耶穌降卑自己，像僕人一樣地服事祂的門徒。祂雖然是神的兒子，卻不行使自己的權利。相反地，祂放棄了這種權利，虛己去服事無知自大的門徒。祂至少可以在最後的晚餐上行使自己的權利，但卻沒有這樣做，反而堅定地帶著謙卑的心去服事他們。祂沒有責難門徒說：「這三年來，你們到底學懂了甚麼？你們起碼應該在最後的晚餐上好好地服事我一次吧？」祂卻是取了僕人的樣式，逐一為門徒洗腳。在現今的世界裏，高高在上的地位標誌著更多的財富和更大的權力，而更大的權力意味著更多的尊敬。耶穌以主人和夫子的身分為門徒洗腳，就是教誨他們，降卑的服事才稱得上是真正的愛。

大學研經宣教會
(University Bible Fellowship)

不是受服事，乃是服事人

馬太福音二十章28節
「正如人子來，不是要受人的服事，乃是要服事人，
並且要捨命，作多人的贖價。」

耶穌為罪人作的工偉大而美好，祂甚至為了成就這工而捨掉了自己的性命；祂對我們的愛偉大而美好，祂甚至為了我們的緣故，把生命給了我們；祂的犧牲偉大而美好，以至於祂捨命所換來的可以實在而完全地在我們身上得承傳。聖潔而大能的主耶穌獨自承擔了這項重任：祂為我們放棄了自己……現在要做的是，我們應該正確地明白、堅定地相信，祂是為了我們才完全地把自己擺上……

當我接受祂、相信祂為了我捨命的時候，我自然就能經歷這種愛。我將被祂潔淨，像祂的隨身物品一樣牢牢地依靠祂，懷著熱誠和喜樂事奉祂。

慕安得烈 (Andrew Murray)

耶穌擺上最後的晚餐

「因為這是我立約的血，為多人流出來，

使罪得赦。」

馬太福音二十六章28節

耶穌擺上最後的晚餐

逾越節的晚餐使人想起以色列人在埃及為奴的日子，擊殺的使者的到來，以及以色列人漫長的出埃及之行。晚餐裏的羊不只是主菜而已，羊的血塗在門框和門楣上，就避過了最後的災殃。耶穌在逾越節裏與門徒聚餐，使人不再需要過逾越節。

神的羔羊耶穌，在與門徒一起的最後晚餐上，擺上了自己的身體和血，讓門徒以後吃喝的時候認真地反省祂的犧牲和將來的再臨。耶穌為門徒擺上自己，即使他們是多麼的不配：一個出賣了祂，另一個即將不認祂，其他的將離棄祂。祂把自己擺上，是因為他們需要一位救主，而祂就是那位救主。

現在，就請來到不配的門徒中間，在桌前找一個座位坐下，跟他們共進晚餐，認真地反省一下吧。願你從基督的話語中得到飽足。

撒但的角色

約翰福音十三章27節
他吃了以後，撒但就入了他的心。耶穌便對他說：「你所做的，快做吧！」

其實，最有效的調解是需要協商的，因為「他們若知道，就不把榮耀的主釘在十字架上了」(林前二8)。然而，神子隱藏了祂的神性，只讓人看見祂無罪但軟弱的身體。祂用神聖的生命勝過了邪惡勢力的妒忌——敵人本來希望針對祂肉身的軟弱來打敗祂。

基督藉行神蹟奇事來鞏固人對祂作為救贖者的信心，這也引起了撒但的妒忌。欺騙者撒但，既然受了騙，就對無罪的耶穌進行報復，用對罪的懲罰來處罰祂，那懲罰就是在十字架上釘死祂。然而，義者——為了義的緣故而受到不公義的對待——從不公義的死亡刑罰裏成就了新的義。

由於死亡不是祂應得的——因為祂沒有罪——祂把勝過死亡的勝利與人分享，由此透過無罪被罰而赦免了罪人。

伯爾納 (Bernard of Clairvaux)

人子必要去世

馬可福音十四章21節
「人子必要去世，正如經上指著他所寫的……」

耶穌的生命像雷電般短暫而有力，既富有戲劇性，又完成了所有的使命。耶穌如果除了走遍世界各地講述真理外別無行動的話，就完成不了祂的使命。事實上，即使祂生命中可見的走動也不可以描述成為遊歷，因為如此描述便忘記了它其實是一個旅程。它是一個為了應驗預言，而不是印證哲學觀點的旅程，是一個有目標、有目的的旅程，就像希臘神話裏，王子伊阿宋 (Jason) 長途跋涉去尋找金羊毛，大力士海格拉 (Hercules) 歷盡艱辛去金蘋果園裏找金蘋果一樣。耶穌要尋找的寶物就是死亡。祂打算完成的最主要任務就是死。祂也要完成其他同樣肯定而目標明確的任務，我們可能甚至認為是同樣可見和重要的事情。但是由始至終，最肯定的是，祂要去送死。

切斯特頓 (G. K. Chesterton)

同領祂的身體

馬可福音十四章22至23節

他們吃的時候，耶穌拿起餅來，祝了福，就擘開，遞給他們，説：「你們拿著吃，這是我的身體」；又拿起杯來，祝謝了，遞給他們；他們都喝了。

在聖餐中，我們同領主的身體，主那邊有聖靈，我們這邊靠的則是信心。主那邊有聖靈：聖靈向我們默示已得榮耀的身體的大能，因此，正如聖經所述，我們的身體成為祂身體的各個部分……聖靈使我們因喝祂的寶血得生命力，以至於祂的寶血成為我們的生命，成為我們靈魂的喜樂。餅代表了主的身體，杯則是主寶血的象徵。

我們這邊靠的則是信心：就是在我們所見所悟之外的信心，指望聖靈的奇妙大能，透過讓我們在內裏與主相通，把我們的靈和身體與神契合。

慕安得烈 (Andrew Murray)

我的身體，為你們捨的

路加福音二十二章19節

又拿起餅來，祝謝了，就擘開，遞給他們，說：「這是我的身體，為你們捨的，你們也應當如此行，為的是記念我。」

所有生命都需要糧，靠裏面的營養來維持生存。屬天的生命必須靠屬天的糧，只有耶穌自己才是生命的糧……作為天上的糧，耶穌藉兩項恩典餵飽了我們：主的話語和主的晚餐。主的話語從智慧的層面藉我們的思想把耶穌給了我們；而主餐則從情感的層面藉感官把耶穌給了我們……主餐是一項立約，主在約裏保證，祂要按著那能叫萬有歸服自己的大能，將我們這卑賤的身體改變形狀，和祂自己榮耀的身體相似……在最後的晚餐上，基督透過自己聖體和寶血的大能，將人的整個身體和靈魂都更新和潔淨了。祂的身體也得了榮耀，祂的身體與聖靈相通。我們的身體靠祂的聖體得到滋養，靠聖靈的工作得到更新。

慕安得烈(Andrew Murray)

與耶穌合而為一

路加福音二十二章19節
「你們也應當如此行，為的是記念我。」

主餐的最大目的，就是讓我們與耶穌，甚至與祂的身體和祂的寶血，深深地契合。祂教導我們的、賜與我們的，包括罪的赦免、當記念耶穌、聖約的確立、彼此合而為一、主的捨命與再來等，都指向同一個目標：我們透過聖靈與耶穌合而為一……

大家都明白，對主餐的祝福的領受，在很大程度上取決於我們內心的準備，取決於我們對永生真神的饑渴慕求……然而，不要把主餐當成我們靠信主道而已經擁有的象徵性的紀念品。不是這樣的：主餐是已升高在天的主透過聖靈實實在在地告訴我們祂生命的權能。不過，即使如此，領受的多少還要看我們的渴慕程度和信心的大小。因此，請以懇切的禱告準備領受主餐，期待主以你難以想像的方法用天上的權柄更新你的生命。

慕安得烈（Andrew Murray）

捨己的赦免

路加福音二十二章20節
飯後也照樣拿起杯來，說：「這杯是用我血所立的新約，是為你們流出來的。」

感恩與呼召有何關係？比較簡單而正確的看法是：把感恩看成是對基督被釘十字架的回應。在公元一五四六年左右，意大利藝術家米開朗基羅（Michelangelo）為一位貴族朋友科隆娜（Vittoria Colonna）畫了一幅聖殤像的鉛筆畫。這幅畫跟其他聖殤像畫的版本不同，耶穌的身體由馬利亞腳邊的天使承托著，馬利亞並非抱著耶穌，而是滿懷讚歎地舉目向天，伸出雙手。米開朗基羅在十字架上寫下一行字，抄自意大利詩人但丁（Dante）的《神曲》中「天堂」部分的一句：「沒人細想在它上面流了多少血」。這正是全幅畫引人深思之處。

當然，任何人只要細想一下在它上面流了多少血，是誰流的，為何而流，就會駐足長觀，讚歎不已。因此，那個有罪的女人，被赦免了罪，眼淚濕了耶穌的腳，又用嘴連連親祂的腳，把香膏抹上——她忘我的奉獻正回應了祂捨己的赦免。正如法裔女思想家西蒙娜．薇依（Simone Weil）那句意味深長的話所指的：「我們的國家就是那十字架」。

金尼斯（Os Guinness）

用心領悟

路加福音二十二章20節
飯後也照樣拿起杯來，說：「這杯是用我血所立的新約，是為你們流出來的。」

救主不僅僅以人的角度教誨我們，也以神的令人無法測透的智慧闡明祂的道。因此，我們不可以只用世俗的耳朵聽祂的話語，而必須積極追求，尋求話語背後隱藏的意思。對於主為門徒而簡化了的話語，我們需要更多的專注，而不是更多的深奧解說，因為祂的話語蘊含了無窮的智慧。此外，祂向門徒解釋的事情，比祂直接敘述的事情，需要我們更多的細細咀嚼。門徒聽了解釋後並沒有追問，因為主的有關整個拯救計劃的話語需要我們以敬畏的心默想，以深沉的靈領受。我們不可以表面地用耳聽道，而是要用心體會聖靈和主話語的弦外之音。

亞歷山太的革利免 (Clement of Alexandria)

新的命令

約翰福音十三章34節

「我賜給你們一條新命令，乃是叫你們彼此相愛；我怎樣愛你們，你們也要怎樣相愛。」

聖經也充分而直接地教訓我們說，所有聖徒都應該對人有愛、有憐憫、有恩慈。門徒保羅指出，我們若能說萬人的方言，並天使的話語，卻沒有愛，我們就成了鳴的鑼，響的鈸一般。我們若有先知講道之能，也明白各樣的奧祕，各樣的知識，卻沒有愛，我們就算不得甚麼。在諸般的德行或情操中，我們最恆常堅守的、視之為真正基督徒的印記的，就是愛。愛常常能證明誰是主的門徒，以及他們怎樣能被眾人認出。

事實上，基督把愛的誡命稱為祂的命令。「我賜給你們一條新命令，乃是叫你們彼此相愛；我怎樣愛你們，你們也要怎樣相愛。」(約十三34)「你們要彼此相愛，像我愛你們一樣；這就是我的命令。」(約十五12) 以及17節：「我這樣吩咐你們，是要叫你們彼此相愛。」祂在十三章35節中說：「你們若有彼此相愛的心，眾人因此就認出你們是我的門徒了。」又在十四章21節說：「有了我的命令又遵守的，這人就是愛我的。」

愛德華滋 (Jonathan Edwards)

像祂那樣愛人

約翰福音十三章34節
「我賜給你們一條新命令，乃是叫你們彼此相愛；我怎樣愛你們，你們也要怎樣相愛。」

我怎樣愛你們：這句話道出了我們彼此相愛的尺度。真愛是不可量度的，是一種全然的奉獻。

祂的愛是我們愛的惟一準則，因為是我們的愛的力量所在。基督的愛並不是一種抽象的概念或者情感而已，卻是祂實在的生命的權柄。基督徒如果不明白這一點，就不能承受所有的權柄。不過，當他的信心日益增強，知道基督的愛就是把祂的生命和愛給予所愛之人的時候，就能紮根在這個愛的根源上，使自己的生命得以成長，以至於他能明白，主只是吩咐他做流通的管子，使祂的愛透過他傳送給別人。他必須靠基督賜與的力量而活：基督的愛約束著他，使他能夠像祂那樣愛人。

慕安得烈 (Andrew Murray)

彼此相愛

約翰福音十三章35節
「你們若有彼此相愛的心，眾人因此就認出你們是我的門徒了。」

基督在應許賜聖靈之前，賜給門徒一條新命令。祂在這方面略加闡述，其中一句話是：「我怎樣愛你們，你們也要怎樣相愛。」對於門徒來說，祂捨己的愛將成為他們行事為人要遵守的惟一誡命。對於這些打魚的、這些驕傲自私的人來說，這是何等精警的信息！基督說：「要學習彼此相愛，像我愛你們那樣。」後來，他們因著神的恩典，的確做到了。五旬節到來的時候，他們同心合意，同感一靈。基督成全了他們。

現在，祂呼召我們，住在祂的愛裏，把祂的愛實踐出來。祂命令說，人就算恨我們，我們仍然要愛人。天上和地上的任何事情都不能勝過真愛。恨愈多，得勝的愛也愈多，就把愛的本質顯露出來。這就是基督命令門徒要實踐的愛。

祂還說了甚麼？「你們若有彼此相愛的心，眾人因此就認出你們是我的門徒了。」

慕安得烈 (Andrew Murray)

當信我

約翰福音十四章1節
「你們心裏不要憂愁；你們信神，也當信我。」

這句話可以濃縮為兩個字：「信我」。不要為基督的再來而擔心，不要為難以理解的事情而愁煩。千禧年和敵基督等問題為我們帶來挑戰和壓力，但絕不能把我們壓垮，使我們分裂。對於基督徒來説，基督的再來不是要猜的謎語或是要破解的密碼，而是我們要期待的日子。

耶穌希望我們能信祂。祂不希望我們憂愁，因此用這些真理來堅固我們的信心……

我們不知道祂哪天再來，也不知道祂怎樣再來。事實上，我們甚至不清楚祂為甚麼再來。我們有各種的意見和想法。不過，我們都有相同的信心——相信祂有的是地方，並將為我們預備地方，最後必再來接我們到祂那裏去。

祂將做領路人，而我們要做的就是相信祂。

路卡杜 (Max Lucado)

為你們預備地方

約翰福音十四章2節

「在我父的家裏有許多住處；若是沒有，我就早已告訴你們了。我去原是為你們預備地方去。」

不久，耶穌就會死在十字架上，然後從死裏復活、升天，留下門徒在世上。耶穌為了幫助他們做好準備，應付祂不在以後的生活，就向他們解釋說，祂將往天上的父那裏去，並在那裏為他們預備地方。祂又應許說，會再回來。

門徒們困惑不已，既不太相信祂真的會死，也不太明白祂將復活，所以完全不理解祂所說回到父家、為他們「預備地方」的意思。

現在，我們可以從回顧歷史的角度，知道耶穌已經在十字架上犧牲，也知道祂已經從墳墓裏復活，不久之後升了天。因此，我們可以確信，祂正在為我們預備地方。

這是何其美好的應許！你如果確信基督是救主，就有穩妥的將來——祂在「父的家裏」為你預備了地方。任何人都不能制止你、阻攔你，也不能奪去你的盼望……因為耶穌已經應許了你。

並且，祂將要回來把你接到那地方去。

費爾曼 (Dave Veerman)

等待祂再來

約翰福音十四章2節
「在我父的家裏有許多住處；若是沒有，我就早已告訴你們了。我去原是為你們預備地方去。」

耶穌在被捕並釘在十字架上之前的一晚，跟十二名門徒在一起。祂突然地告訴他們自己將死的事，使他們措手不及。很明顯地，他們震驚不已。這種錯愕是可以理解的，我們如果當時跟門徒一起在場，也會一心以為祂將永遠地跟我們同在，帶我們在地上建立祂的王國，成為萬王之王，萬主之主，統治萬國。

但是，祂突然用十字架改變了我們心目中的藍圖。門徒們驚呆了，心裏充滿了慌張、疑慮、恐懼，聽著祂講述自己突如其來的死亡……祂向憂心忡忡的門徒作出了無條件的應許。祂並不是說：「如果你們想見我，我就會回來。」祂甚至沒有說：「如果你們與我同行，我就會回來。」祂的應許是不附帶任何條件的。「我去預備地方……我將再來……我將接你們……你們將跟我在一起。」祂的再來不用我們猜測……是肯定會發生的！……

基督將會再來，是毋庸置疑的。我們的問題反而是：「我們怎樣為此做最好的準備呢？」

司轀道 (Charles R. Swindoll)

沒有其他道路

約翰福音十四章6節
耶穌說：「我就是道路、真理、生命；若不藉著我，沒有人能到父那裏去。」

「到父那裏去」是指甚麼？就是指脫離死亡，進入永生；脫離罪惡，進入聖潔；脫離愁煩，進入永遠的喜樂和祝福。基督說的是：「任何人都不應該試圖藉我以外的其他道路到父那裏去。只有我才是道路、真理、生命。」耶穌明確而有力地排除、否定了所有聲稱因行為得救的教義。祂全盤否定了任何其他往天國的道路。耶穌說：「若不藉著我，沒有人能到父那裏去。」所以，並不存在任何其他道路。

就算別人遺棄我，把我丟在毀滅之中，我仍然有永恆的寶藏作我的依靠，使我不至於失去盼望。這寶藏不是我憑自己的行為或勞力所賺取的。這寶藏就是主基督——那道路、真理、生命。我只有藉著基督才能到父那裏去。我將堅守這個信念，或生或死都堅守到底。

馬丁路德(Martin Luther)

基督是我們的道路

約翰福音十四章6節
耶穌說：「我就是道路、真理、生命；若不藉著我，
沒有人能到父那裏去。」

我們可以說，主的道路是我們為擁有豐盛生命而要走的必經之路，而基督就是我們的嚮導。祂說：「我就是道路、真理、生命。」那麼，道路指的就是神的大能。神是我們的道路——也是上乘的道路。祂是那條把信徒引向天國的道路。並且，主的道路是平直的。聖經上說：「耶和華啊，求你將你的道指示我……」那麼，基督是我們義的開端。祂也是聖潔的開端……祂是節制的開端，因為祂雖是富足的，卻自甘貧窮。祂是忍耐的開端，因為祂雖被辱罵，卻不還口；雖被鞭打，卻不還手。祂是謙卑的開端，因為祂本與天父擁有同等的權柄，卻取了奴僕的形像。這幾樣美德都以基督為根源。

安波羅修（Ambrose）

得勝的名稱

約翰福音十四章6節
耶穌說：「我就是道路、真理、生命；若不藉著我，沒有人能到父那裏去。」

祂既是道路，就不把我們引向岔路，也不把我們引向荒野。祂既是真理，就不以謊言欺哄我們。祂既是生命，就不以虛幻之詞把我們帶入絕境。基督以這些振奮人心的名稱稱呼自己，讓我們明白到祂施拯救的方法。祂作為道路，將把我們引向真理，而真理將把我們根植在生命之中。因此，我們必須知道到達這種生命的神祕道路(由祂親自揭示)。「若不藉著我，沒有人能到父那裏去。」子是到父那裏去的道路。現在，我們必須要問，是要遵守祂的教誨還是要憑對神的信心才能走上這條道路。因為其中一個可能性是，我們可以藉著遵守子的教誨，卻非藉相信父就在子的裏面，而到父那裏去。因此接下來，我們必須尋求耶穌這句話的真正意義。因為我們只有研究神話語的真諦，而非拘泥於一些先入為主的觀念，才能擁有這樣的信心。

波提亞的希拉流 (Hilary of Poitiers)

寬闊的道路

約翰福音十四章6節
耶穌説：「我就是道路、真理、生命；若不藉著我，沒有人能到父那裏去。」

當門徒問耶穌，怎樣可以到天父和祂的「家裏」時，耶穌回答説，祂就是那**惟**一的道路。

在我們現今的世代裏，人們常掛在嘴邊的是：「信甚麼不要緊，只要認真就行」，「所有信仰都殊途同歸」，所以，耶穌是惟一的道路這種説法並不受歡迎。人們認為，只有一條路未免太狹窄、太局限了，但事實上，這條路寬闊得可以容納所有信徒。我們不應該再爭論和擔心這條路是否狹窄，而是應該為能有這條通往神的路而感恩。我們站在懸崖邊上，渴望越過鴻溝到達對面的應許之地的時候，不應該滿臉不悦，心裏只想著有一座橋出現在眼前，而是應該動身走向幾里以外的那座惟一的橋，並且為有這條讓我們通過的道路而感恩。

耶穌是道路，我們要跟隨祂；耶穌是真理，我們要相信祂；耶穌是生命，我們要活在祂的裏面。除耶穌以外，並沒有別的橋通往天父和祂的家裏去。

費爾曼 (Dave Veerman)

克服恐懼

約翰福音十四章6節
耶穌說：「我就是道路、真理、生命；若不藉著我，沒有人能到父那裏去。」

恐懼感令我們手心出汗，雙腿發抖，呼吸也困難了。挫人銳氣的恐懼能把最強壯、最孔武有力的戰士變成懦夫。有些人否認恐懼的存在，試圖以此克服它，有些人則用麻醉品（酒精和毒品）或者假象（假裝一切安好）來掩飾恐懼，還有一些人藉不斷地冒險來面對恐懼。但是歸根結底，克服恐懼最有效的方法，就是明白真理，並且知道前面在等待我們的是甚麼。

耶穌告訴門徒，祂就是真理（約十四6），並且天國正在等待所有信祂的進去（約十四1～4）。所以，他們無論身處怎樣的景況，面對怎樣的壓力和愁煩，都無需懼怕。當然，這些門徒對前景一無所知，但是，他們認識能預知未來的耶穌，而祂能賜給他們平安。

有甚麼恐懼正在侵蝕你的盼望，使你難以入眠呢？當相信救主，就能像嬰孩一樣安然入睡。

費爾曼（Dave Veerman）

神在祂裏面

約翰福音十四章8節
腓力對他說：「求主將父顯給我們看，我們就知足了。」

在福音書裏，神透過祂的兒子耶穌說話……門徒如果說：「耶穌，認識祢真好，但我們很想認識天父」，就很愚昧無知了。

然而，腓力的確這樣說：「求主將父顯給我們看，我們就知足了。」

耶穌對他說：「腓力，我與你們同在這樣長久，你還不認識我嗎？人看見了我，就是看見了父；你怎麼說『將父顯給我們看』呢？我在父裏面，父在我裏面，你不信嗎？我對你們所說的話，不是憑著自己說的，乃是住在我裏面的父做他自己的事。」(約十四9～10) 耶穌說話的時候，是父在透過祂說話；耶穌行神蹟的時候，是父在透過祂作工。

正如摩西確實曾在烈火中與神面對面，門徒也確實是透過跟耶穌建立的個人關係而與神面對面。他們與耶穌相遇，就是與神相遇，因此，聽耶穌的話**就是**聽神的話。

布克比和金 (Henry Blackaby and Claude King)

看見了我，就是看見了父

約翰福音十四章9節

耶穌對他說：「腓力，我與你們同在這樣長久，你還不認識我嗎？人看見了我，就是看見了父；你怎麼說『將父顯給我們看』呢？」

我們要謹慎，免得把基督與神分割了。腓力就是犯了這種錯誤。他無視耶穌的存在，卻想找到天上的神……這豈不是不信神、私底下否定神嗎？基督必須糾正腓力，以免他陷在錯誤的觀念裏。祂說：「腓力，你為甚麼要把父和我分割呢？在你的思想裏，你正在往天上爬，卻把我留在地上徒然地講道。你沒聽見我說的話嗎？人看見了我，就是看見了父。我在父裏面，父在我裏面，你不信嗎？」

主說出這些既充滿愛意又非常嚴肅的話語，是因為不願看見我們在迷惘之中坐立不安。基督希望我們堅定地依靠祂和祂的話語，以免在祂以外尋找神。

馬丁路德 (Martin Luther)

像祂那樣禱告

約翰福音十四章13至14節
「你們奉我的名無論求甚麼，我必成就，叫父因兒子得榮耀。你們若奉我的名求甚麼，我必成就。」

基督的生命和工作、受苦和死亡——完全是靠著禱告、對神的依靠和信心、從神那裏的領受、對神的順服而成就的。信徒啊，你的救贖是禱告和代求的工作：你的基督是禱告的基督：祂為你而活的生命、祂在你們裏面活著的生命，是禱告的生命，就是甘心樂意地等待神，從祂那裏領受一切。奉祂的名求，就是像祂那樣禱告。基督是我們惟一的榜樣，因為祂是我們的頭、我們的救主、我們的生命。祂藉著自己的神性和聖靈住在我們裏面：我們能奉祂的名禱告，是因為我們在祂裏面，祂在我們裏面。

慕安得烈 (Andrew Murray)

發自內心

約翰福音十四章14節
「你們若奉我的名求甚麼，我必成就。」

真正的禱告實際上代表了對神的愛。它的成就並不在於我們話語的多寡，因為在我們沒有祈求以先，我們所需用的，天父早已知道了。真正的禱告是發自內心的，而內心只祈求它所渴求的。因此，**祈求**就是**渴求**——單單渴求神所要我們渴求的。人若不祈求自己內心所渴求的，就是誤以為自己在禱告了。他就算天天念頌禱詞、默想或積極參與敬虔的活動，若不是真正渴求祂表面上祈求的事情，他的禱告算不上是真正的禱告。

費奈隆 (François Fenelon)

他們唱了詩

馬可福音十四章26節
他們唱了詩，就出來，往橄欖山去。

在這個如此特別的晚上，即將成為君王的基督唱起人在幾世紀前為祂作的詩歌來，這實在是適合不過的……讓我們想像一下，神子在十字架步步逼近的時刻唱起這些歌……「有耶和華幫助我，我必不懼怕，人能把我怎麼樣呢？……匠人所棄的石頭已成了房角的頭塊石頭。這是耶和華所做的，在我們眼中看為希奇」。

基督在逾越節晚餐後唱的不管是甚麼詩歌，歌詞可能別人並不理解，但對祂來說一定有特別的意義。我真想知道，祂的聲音是充滿了情感，還是高昂振奮的呢？也許既充滿了情感又是高昂振奮的，就像你我在悲喜交集的時刻，眼泛淚光卻信心高漲那樣。我們確知的是：基督知道祂所唱的遠超過了歌詞所能表達的。那一晚，祂唱出了自己生命的結局。

穆爾（Beth Moore）

試探的時刻

馬太福音二十六章34節
耶穌說：「我實在告訴你，今夜雞叫以先，你要三次不認我。」

(彼得) 自以為在試探的時刻來到的時候，會比眾人強，基督卻對他說，他的表現將更差——「相信我的話，我比你自己更了解你」。祂告訴他說，他將不認祂。彼得說，他不會令祂失望，不會離棄祂。但基督卻告訴他，他將犯更大的錯誤，他將不認祂。彼得說：「眾人雖然為你的緣故跌倒，我卻永不跌倒。」但是他比任何人都更快地跌倒了。他自己認為不會做這樣的事情，但基督卻說他將一而再、再而三地這樣做，因為我們跌倒了一次以後，就很難站得穩了。

亨利 (Matthew Henry)

耶穌應許賜聖靈

「然而，我將真情告訴你們，我去是與你們有益的；我若不去，保惠師就不到你們這裏來；我若去，就差他來。」

約翰福音十六章7節

耶穌應許賜聖靈

門徒們徬徨無奈，心裏充滿了愁煩，因為耶穌再三地預言自己將死、將要離開他們，使他們憂愁不已。晚餐結束了，桌子收拾好了，耶穌的語調也變了。祂開始急切地述說人沒有祂肉身同在後的生命。祂應許說，天父將另外賜下一位保惠師。這位保惠師能做到耶穌因受限於肉身而不能做到的。這位新的、內住的保惠師就是聖靈。

在所有福音書中，約翰福音十三至十七章記錄了耶穌最長的教誨。聖靈的工作、信徒禱告指引、耶穌為當時和後世的門徒的禱告等，都在本部分的篇章中論及，就讓我們來靜心思考吧。

祂要在你們裏面

約翰福音十四章17節

「就是真理的聖靈，乃世人不能接受的；因為不見他，
也不認識他。你們卻認識他，因他常與你們同在，
也要在你們裏面。」

你們要恆常禱告、恆常讀經，向神傾心吐意，聆聽神的默示；要讓神把祂的命令曉諭給你，讓祂帶領你。我們一旦得到了祂的豐盛，就不再貧窮，因為既有了天上糧的供應，就必不貧乏。你既然知道自己要被塑造成為完全的人，就不再稀罕金碧輝煌的房屋了，因為神的家、聖靈的居所更加吸引你。因此，讓我們用聖潔來粉飾神的居所吧。讓我們用公義的光照亮它，使它永不隨歲月的消逝而衰敗，使它的燦爛、它的輝煌永不褪色。人手所造的浮華終必腐朽，那些身外的事物無法保障它們的主人。所以，讓我們居於那常存、充滿榮耀、永遠偉大的佳美之所，因為它既不能腐朽也不能毀滅，只能愈來愈完美。

居普良(Cyprian)

神的居所

約翰福音十四章17節

「就是真理的聖靈，乃世人不能接受的；因為不見他，
也不認識他。你們卻認識他，因他常與你們同在，
也要在你們裏面。」

試想一下，你我是耶穌基督的信徒，也成為了聖靈的居所！我們應該再三思想這個真理，直到它在我們的生命中實踐出來。這樣的話，我們將不再無助、失望、無奈，因為祂答應與我們同在，給我們力量，使我們堅強；我們不再孤單、迷惘，因為祂答應引領我們，與我們同行。

我現在能跟你們分享這個信息，感到非常興奮，也懇切地向神禱告，希望我現在所分享的能使你們向神打開心扉……

我跟你們分享的這個信息珍貴無比，所以我鼓勵你們珍視它，把它藏在心裏面，別讓它溜走了。你既是耶穌基督的信徒，聖靈就在你裏面，不但與你同在，也賜給你更多的禮物。讚美祂！榮耀祂！愛祂！敬拜祂！祂是何其善良、仁慈、令人敬畏！祂是何其美好奇妙！

邁爾 (Joyce Meyer)

常與你們同在

約翰福音十四章18節
「我不撇下你們為孤兒，我必到你們這裏來。」

耶穌看見門徒愁眉苦臉，彼得更擔心地問道：「主往哪裏去？」就馬上安慰他們說：「我不撇下你們為孤兒。」又應許說：「我將讓你們看見我」。

耶穌是在告訴祂的追隨者：「我打破了地球的時空限制來跟你們同住了一段時間，你們不相信我將撇下你們而去吧？我如果真的撇下你們，那在你們之後的信徒該怎麼辦呢？那樣的話，就只剩下文字記載，我就成為歷史人物而已了，他們就不明白何為天父、神，何為神子耶穌了。我斷不能這樣一走了之。我**將**以聖靈的形式到你們這裏來，祂像我一樣愛你們、關心你們。」

耶穌對你我的應許是，保惠師不分晝夜地與我們同在，隨時保護我們，幫助我們。我們需要做的只是承認祂的存在，滿懷信心地呼求祂。

凱瑟琳・馬歇爾 (Catherine Marshall)

常在袮裏面

約翰福音十四章23節

耶穌回答說：「人若愛我，就必遵守我的道；我父也必愛他，並且我們要到他那裏去，與他同住。」

主說：「**神的國在你裏面**」。你要棄絕這個充滿苦難的世界，全心歸向主，就能得平安。你要學習藐視那些虛浮之事，只要專注於內在之事，就能看見神的國在你裏面。神的國就是神的平安和喜樂，並不是為惡人準備的。基督將到你這裏來，帶給你安慰……

信徒啊，請為這位新郎準備好你的心，便知道祂保證能到你這裏來，住在你裏面，因為祂說：「**人若愛我，就必遵守我的道；我父也必愛他，並且我們要到他那裏去，與他同住。**」因此，請在心裏為基督準備好地方，拒絕別人進來。你有了基督，心裏就富足，就別無所求了。祂是你的供應者，凡事看顧你，使你無需依靠人，因為人變幻莫測、轉瞬即逝，惟獨基督永在，一直陪伴我們，直到世界的末了。

多馬．肯培 (Thomas À Kempis)

主的家裏

約翰福音十四章23節

耶穌回答說：「人若愛我，就必遵守我的道；我父也必愛他，並且我們要到他那裏去，與他同住。」

我們的頭主耶穌要讓我們成為祂家裏的成員，因此，祂使我們在信和愛裏與祂連結，合而為一。我們應該全心全意地住在祂裏面，因為離了祂，我們就不能做甚麼；但藉著祂，我們就可以成就我們被造的目的。不要讓任何事把我們與我們的頭分開，否則，若拒絕與祂合一的話，就會離開祂，像枝子離了葡萄樹。因此，我們若要成為救贖主的居所，就要定意居於祂的愛裏面，因為祂親口說：「人若愛我，就必遵守我的道；我父也必愛他，並且我們要到他那裏去，與他同住。」我們若不禁絕貪欲——就是那萬惡之源，就無法接近造物主……因此，我們要從信的殿裏除掉貪婪，它是事奉偶像的。這樣，我們就能避免混亂惡毒之事，安居在神的家裏。

貴格利一世 (Gregory I)

聖潔的品格

約翰福音十四章26節

「但保惠師，就是父因我的名所要差來的聖靈，他要將一切事指教你們，並且要叫你們想起我對你們所說的一切話。」

我們知道，在舊約裏，聖靈往往是揭示神奧祕的神聖之靈，或作神的工的大能，降臨在人身上，但並不住在人裏面。現在，很多人都只想要舊約裏那種充滿大能的靈，卻很少知道新約裏內住的靈，是生動活潑的，能更新生命。神賜下聖靈的時候，目的在於塑造我們聖潔的品格。聖靈裏面充滿了神聖的意念和屬靈的性情，而我們最需要做的，就是說：「我必須讓聖靈潔淨我整個的內在生命，才能真正為榮耀神而活。」

慕安得烈 (Andrew Murray)

毫無所有

約翰福音十四章30節
「以後我不再和你們多說話，因為這世界的王將到。
他在我裏面是毫無所有。」

魔鬼是否曾幫了耶穌一把？是的，在無意之中。他在人們耳邊竊竊私語道：「把耶穌釘在十字架上，就能一了百了。」人們就真的這麼做了。所以，當耶穌終於被釘在十字架上的時候，魔鬼沾沾自喜道：「總算一了百了——完事了。」但他很快就瞪大了雙眼，驚訝地說道：「為甚麼祂在十字架上還能主宰一切？」耶穌寬恕了敵人，並向一名同釘的強盜打開了樂園之門。祂說道：「成了」。祂說的是「成了」，而不是「我完了」，就是指祂來向人類實施救贖計劃的任務已經完成了。魔鬼咬牙切齒地怒吼道：「這個人竟然使我幫了祂一把！」你如果能這樣使魔鬼幫你一把，就能得勝了。你是安全的，因為跟隨基督的人必得幫助。你如果知道何為機會的話，就善加利用吧。

瓊斯 (E. Stanley Jones)

我父是栽培的人

約翰福音十五章1節
「我是真葡萄樹，我父是栽培的人。」

就道成肉身這個觀念而言，如果神的兒子真的稱為葡萄樹的話，我們就明白主耶穌說這句話的意義：「父是比我大的」。在這個論點上，主耶穌繼續說：「我是真葡萄樹，我父是栽培的人。」所以，我們明白到父是更大的，因為祂栽種和培養主耶穌的肉身，就像農夫栽種和培養葡萄樹一樣。並且，主耶穌的肉身能隨年月成長，因苦難的逼迫而受傷，令到整個人類得以在十字架上伸展的四肢的庇蔭下安歇，躲避世俗罪惡的毒害。

安波羅修（Ambrose）

多結果子

約翰福音十五章5節

「我是葡萄樹，你們是枝子。常在我裏面的，我也常在他裏面，這人就多結果子；因為離了我，你們就不能做甚麼。」

蘋果樹的用處在於結蘋果，櫻桃樹的用處在於結櫻桃，而葡萄樹的用處則在於結葡萄。基督徒也應該結果子：就是仁愛、喜樂、和平、忍耐、恩慈、良善、信實、溫柔、節制（加五22～23），並且出去廣結果子（約十五16）。耶穌說，祂是葡萄樹，信徒是枝子。因此，我們若要結果子，就要常附在葡萄樹上。耶穌的意思是：我們要全然地依附於祂。正如我們不能憑行為，而是憑信心，才能成為神的兒女，因此，我們不能單憑主觀的意願或努力來結果子。我們必須讓耶穌透過我們結果子，其中的祕訣就在於「常在祂裏面」。

我們與祂溝通，按祂的指示行事，充滿信心地活，並帶著愛與其他的信徒相交，就能常在耶穌裏面。

因此，請留在耶穌的葡萄樹上，吸收祂的養分，結出果子來。

費爾曼（Dave Veerman）

信仰的果子

約翰福音十五章5節
「我是葡萄樹，你們是枝子。常在我裏面的，我也常在他裏面，這人就多結果子；因為離了我，你們就不能做甚麼。」

耶穌說，信徒常在祂裏面，祂也常在他們裏面，說明了基督教並不是外在的事物，我們並不把它拿來當衣服穿，也不把它當作新的生活方式，要竭盡己力去適應，像那些自訂聖潔的生活規條來遵守的人一樣。事實上，基督教是神的道，透過聖靈帶來的新生命。基督徒的信仰必須是發自內心的，一旦內心在基督裏經歷了重生，就能結出這些果子：認信福音、仁愛、順服、忍耐、聖潔等等……

我們自訂的工作苛求我們不斷努力，但總比不上自然的生長。自然的生長能站得穩，能不斷前進，是活潑的，隨著自然的規律而繁盛。所以，耶穌說：「人的教導並不能成功，因為它教人努力作出好行為；但你若住在我裏面，就像枝子在葡萄樹上自然地生長的話，你一定能多結果子。」

馬丁路德 (Martin Luther)

離了祂不能做甚麼

約翰福音十五章5節

「我是葡萄樹，你們是枝子。常在我裏面的，我也常在他裏面，這人就多結果子；因為離了我，你們就不能做甚麼。」

我們每天藉著認識神變得更加公義、更加聖潔，經歷生命的更新。人們這樣做的時候，就愈來愈厭倦短暫的事物，喜愛永恆的事物；厭倦看得見的事物，喜愛看不見的事物；厭倦屬肉體的事物，喜愛屬靈的事物……他們從神領受的幫助愈多，經歷的更新也愈深。神說：「離了我，你們就不能做甚麼」。當他們在這種更新和成長中，緊緊信靠主耶穌，一直堅持到生命的最後一天的時候，就能獲得天使的迎接。他們被帶到他們常常敬拜的神面前，祂將使他們完全。接著，他們將在世界的終結後得到不朽之身。他們不受懲罰，卻是充滿榮耀。我們若看見了神的完全，我們身上的神的樣式也就能更像祂的形像那樣完全。

奧古斯丁 (Augustine)

祂獻上自己

約翰福音十五章7節

「你們若常在我裏面，我的話也常在你們裏面，凡你們所願意的，祈求，就給你們成就。」

我們在困苦當中，總希望天父安慰我們說，痛苦的背後存在著某種原因；我們希望能藉此勝過苦難……這就是我們在問「為甚麼」時的願望。苦難的問題並不是事的問題，而是人的問題，因此，答案並不是死物，而是活生生的人。神像任何慈父一樣，給我們的不是答案，而是祂本身……

我在輪椅上終於明白到，神並不需要向我解釋甚麼，祂被釘十字架之舉已經解釋了一切。在我癱瘓的初期，祂並沒有用我所需要的道理回應我。事實上，祂就是道，道成了肉身，雙手幾近撕裂，釘在十字架上，被譏笑，被吐唾沫，被戲弄，流乾了血，消除了仇恨，蒼蠅亂飛……我作為受苦的人，很高興知道，耶穌在十字架上忍受了殘酷的死亡。神並非某種神祕的宗師，坐在山巔，雙掌合十，念念有詞，而是實實在在地流血而死，在仇人和卑鄙之徒的手中經歷了折磨和痛苦，成為我們的救主。我因此而感恩。

神容許世間有苦難，以使祂與我們之間沒有阻隔。我們受苦的時候，更容易屈膝下跪，內心就開始向神打開。

艾鍾妮 (Joni Eareckson Tada)

凡你們所願意的，祈求

約翰福音十五章7節
「你們若常在我裏面，我的話也常在你們裏面，凡你們所願意的，祈求，就給你們成就。」

我們應該怎樣奉耶穌的名祈求呢？就是說，應該怎樣按照祂的屬性祈求呢？耶穌說：「你們若常在我裏面，我的話也常在你們裏面，凡你們所願意的，祈求，就給你們成就。」(約十五7) 其中「常在我裏面」就是任何有效代禱的必要條件，是奉主耶穌名禱告的關鍵。我們要學習成為枝子，從葡萄樹上吸收生命：「你們要常在我裏面，我也常在你們裏面。枝子若不常在葡萄樹上，自己就不能結果子；你們若不常在我裏面，也是這樣。」(約十五4) 祈禱者的生命中最重要的部分就是學懂成為枝子。

我們這樣生活的時候，就能跟耶穌建立多馬．肯培所說的「與耶穌相熟識的友誼」。我們變得愈來愈熟悉祂的面孔，就能把真正牧者的聲音從宗教販子中分別出來，就像珠寶鑒定專家能把鑽石從玻璃贗品中分別出來一樣——靠的是長期相處。我們與真品相處的時間如果夠長，就能一眼識破贗品……我們甚至能知道主，如同主知道我們一樣。這就是我們奉耶穌之名祈求的方法。

傅士德 (Richard J. Foster)

叫你們的喜樂可以滿足

約翰福音十五章11節
「這些事我已經對你們說了，是要叫我的喜樂存在你們心裏，並叫你們的喜樂可以滿足。」

從約翰福音十四、十五及十六章中可見，耶穌在臨刑前跟十一位門徒講的長長的一番話中，直接而明確地向他們宣示了祂真摯而永不止息的愛。祂明確而堅定地應許他們，他們將與祂一起，得到祂的榮耀。同時，祂告訴他們說，祂這樣做，為的是他們的喜樂可以滿足(約十五11)。基督毫不隱晦地說出這番話，不在他們面前故弄玄虛。祂在他們的見證下，以向天父的禱告為自己的話語作結。祂為十一位門徒代求，向天父述說他們已經知道祂是救主，相信了祂，而且已經接受並遵守了祂的道。

愛德華滋 (Jonathan Edwards)

沒有更大的愛

約翰福音十五章13節
「人為朋友捨命，人的愛心沒有比這個大的。」

基督以拿撒勒人耶穌的身分降世為人，用愛譜寫了動人的故事，體現了人難以想像的偉大的愛。基督，三位一體真神的第二位，放棄了創世主的地位和權柄，取了可朽壞的人身，面臨試探、軟弱、困乏、憂愁、喜樂，與我們同喜同悲。這位耶穌到底是何方神聖？是神？是人？還是亦神亦人？不錯，正是亦神亦人！但是，這怎麼可能呢？

的確不可能，但耶穌重申：在人不能，在神凡事都可以。

就算是凡人的愛也是難以解釋的。我為有丈夫相伴的生命而感恩，為我們的子女而感恩（他們本身就是神蹟），為他們的子女而感恩，為那些接受我和我的缺點、瑕疵、困惑、錯誤的朋友而感恩。

我為了寫這篇關於神和神的愛的文章而掙扎，因為自覺不配，但同時也覺得受呼召，要向人宣告一種神奇無比的愛，這種愛令人驚歎不已，只能帶著歡欣來頌讚……

基督，三位一體真神的第二位，並不被拿撒勒人耶穌的肉身所限。基督是道，是用話語創造了萬物的神，並繼續呼召我們每天、每分鐘，甚至在此刻活得更豐盛。

蘭歌 (Madeleine L'Engle)

只有純全的愛

約翰福音十五章13節
「人為朋友捨命，人的愛心沒有比這個大的。」

耶穌對我的大愛無法測透，
思想無法理解，言語無法述說；
請把我感恩的心跟祢緊扣，
祢至高的王位，無人能夠爭奪。
親愛的主啊，我活著只為祢，
親愛的神啊，我獻上我自己。

請潔淨我靈魂的每一處，
單單讓祢那純全的愛內住；
請把祢的大愛向我傾注，
我的喜樂，我的寶藏，我的主！
請把我的冷漠消滅得無影無蹤，
我的舉動、話語、思想，要用愛驅動。

令我們喜悅的是祢的光！
祢一出現，苦難都要離開。
祢醫治之光所到的地方，
愁煩、惱怒、憂傷，全都不再。
耶穌啊，除了祢自己以外，
我別無所盼，也別無所愛。

格哈特 (Paul Gerhardt)

捨命

約翰福音十五章13節
「人為朋友捨命，人的愛心沒有比這個大的。」

我們不應因為犯罪須受刑罰而氣餒，刑罰的目的是要訓練我們自律，使我們分別為聖，以至於能夠克服對死亡的懼怕。如果坦然無懼的人(憑的是使人生發仁愛的信心)不見經傳，那麼殉道就變得徒然，就沒有了榮耀，神也不必說：「人為朋友捨命，人的愛心沒有比這個大的」。約翰在書信上寫得很清楚：「主為我們捨命，我們從此就知道何為愛；我們也當為弟兄捨命」。因此，如果死亡並不是嚴峻的試煉，稱讚那些為公義而捨命的人也就枉然。但是，因信心而克服了對死亡的恐懼的人，將因信心的緣故得著莫大的榮耀和應得的賞賜。因此，死亡是對以往的罪的刑罰，我們並不以此稱奇；而有信心的人在罪得赦免後，勝過了死亡的威嚇，坦然無懼地行了公義，我們也不應以此為怪。

奧古斯丁 (Augustine)

已經更新

約翰福音十五章15節
「以後我不再稱你們為僕人，因僕人不知道主人所做的事。
我乃稱你們為朋友；因我從我父所聽見的，
已經都告訴你們了。」

神不希望我們成為任何事物的奴僕；祂已經更新了我們的本性。祂把我們所有的帶走，並應許把祂所有的給我們作為交換。祂帶走了疾病、死亡、詛咒、罪，也帶走了奴役。祂並不保留所帶走的，而是把罪從我們的本性中剔除。我們的缺失已被遮蓋，取而代之的是祂的完美無瑕。因此，在我們所盼望的新生命中，將沒有疾病、詛咒、罪、死亡，也沒有奴役。祂親口證實了這一點。祂說：「以後我不再稱你們為僕人……我乃稱你們為朋友。」……如果「僕人不知道主人所做的事」，而基督又擁有天父所有的，那麼，就讓那些陷在迷惘中的醉漢清醒一下吧，讓他們看清楚祂既然擁有天父所有的，就絕不是奴僕，而是萬主之主。

女撒的貴格利(Gregory of Nyssa)

你們是我的朋友

約翰福音十五章15節
「以後我不再稱你們為僕人，因僕人不知道主人所做的事。
我乃稱你們為朋友；因我從我父所聽見的，
已經都告訴你們了。」

耶穌在被賣、受審、釘十字架之前，向門徒說了最後的一番話，其中一部分向他們解釋說，他們要把自己看成是祂的朋友，而不是僕人。這是一個很重要的區分。好僕人忠心而老實地為主人勤勞工作，對主人的吩咐從不質疑。他們沒有權利知道主人的計劃、理由和動機，只是服從吩咐。

朋友則屬於密切的關係。朋友互相分享經驗和信息，彼此了解，並肩前進。耶穌從父所聽見的，已經都告訴這些門徒了。因此，耶穌與門徒確實稱得上是朋友。

兩千多年之後的今天，我們接受了基督為救主，也就成為了祂的朋友。祂把祂的話語——聖經賜給我們，讓我們學習和應用，也把聖靈賜給我們，將一切的事情指教我們。這樣，我們就能夠知道主人的事情。

當你在路上不知何去何從的時候，可以求問神，祂必回答你，因為耶穌是你的朋友。當你覺得孤單乏力的時候，可以舉目向天，知道在那裏有你的朋友耶穌，祂在你需要的時候陪伴你左右。

費爾曼 (Dave Veerman)

我揀選了你們

約翰福音十五章16節

「不是你們揀選了我，是我揀選了你們，並且分派你們去結果子，叫你們的果子常存，使你們奉我的名，無論向父求甚麼，他就賜給你們。」

門徒是普通的加利利人，本來對耶穌沒有甚麼興趣。然而，耶穌是拉比，話語滿有權柄；是先知，又遠超於先知；是主人，激發起他們敬畏和跟隨的心。最後，他們不得不承認祂是主。耶穌找到他們，呼召他們追隨祂，成為祂的朋友，成為祂的信徒，向全世界宣揚神的國度。「他就設立十二個人，要他們常和自己同在，也要差他們去傳道。」(可三14) 他們認出這位揀選了他們、稱他們為朋友的「是基督，是永生神的兒子」(太十六16)，是生下來作萬王之王的，是「永生之道」(約六68)。這種認信所帶來的忠心和尊貴地位徹底改變了他們的生命。

巴刻 (J. I. Packer)

你們不屬世界

約翰福音十五章18至19節

「世人若恨你們，你們知道，恨你們以先已經恨我了。你們若屬世界，世界必愛屬自己的；只因你們不屬世界，乃是我從世界中揀選了你們，所以世界就恨你們。」

沒有人能免受逼迫……如果基督徒眼看著耶穌無罪為我們受罰，卻不願為自己的罪而受刑罰，該是多麼嚴重的事情！神的兒子受難，為的是我們能成為神的兒女，但我們卻不願為繼續做神的兒女而受苦！即使我們被世人憎恨，但事實上，基督已經最先遭受了世人的憎恨；即使我們被世人摒棄、遭放逐或受酷刑，創世主已經受了比這更痛苦的磨難。祂警告我們說：「世人若恨你們，你們知道，恨你們以先已經恨我了。你們若屬世界，世界必愛屬自己的；只因你們不屬世界，乃是我從世界中揀選了你們，所以世界就恨你們。你們要記念我從前對你們所說的話：『僕人不能大於主人。』他們若逼迫了我，也要逼迫你們。」主耶穌把祂所教訓的都付諸了行動，所以跟從祂的門徒別無藉口，只能把獲得的教訓實踐出來。

居普良 (Cyprian)

跟隨主的代價

約翰福音十五章20節

「你們要記念我從前對你們所説的話：『僕人不能大於主人。』他們若逼迫了我，也要逼迫你們。」

別弄錯了。堂皇的言詞之下，事實終歸是事實：選擇受苦並非等閒之事。人往往逃避苦難，不願思想死亡。有選擇的話，我們都喜歡好天氣；我們吃止痛藥；我們喜歡安舒；我們走進房子裏避寒。我們不敢走進黑暗的小巷，不開沒有煞車掣的車。那些選擇受苦的人，如果不是被虐狂的話，在大多數人的眼中一定是怪人！

然而，福音書清楚地寫明了做門徒的代價。耶穌呼召門徒，正是天父呼召祂的一種回響。耶穌既被召成為彌賽亞，就知道自己必定受苦，成為被世人棄絕的彌賽亞。耶穌向門徒闡明了這個先決條件：耶穌要成為彌賽亞，就必須經歷苦難，遭受摒棄；同樣地，門徒也必須預備付上代價，才能服從耶穌的呼召。

金尼斯 (Os Guinness)

你並不孤單

約翰福音十五章26節
「但我要從父那裏差保惠師來，就是從父出來真理的聖靈；他來了，就要為我作見證。」

耶穌向門徒講述有關聖靈的事，就是真理的聖靈。希臘語裏的「保惠師」或「安慰者」就是指「同行者」。我們可以從這個名稱想像出來：一個人在路上走，身旁有一位同行者，引導他（就像在樹林裏領路），給他建議（就像在法庭上的律師），輔導他（就像心理醫生或忠誠的朋友），慰問他（就像在病房裏），安慰他（就像在殯儀館裏）。

神差聖靈來幫助所有的信徒，透過為耶穌作見證來勸勉、安慰他們，向他們重申基督的真實身分、祂的赦罪、祂的愛、祂的拯救。

你是否覺得迷失了方向，不知何去何從？你並不孤單，有聖靈與你同行，把你引領往神的路上。

你是否覺得無處伸冤？你並不孤單。有聖靈為你申辯。

你是否覺得迷惘、沮喪、憂慮、恐懼？你並不孤單，有保惠師與你同行，帶給你盼望，告訴你怎樣面對前路。

你是否因失去摯愛而跌進深淵，被哀傷所俘？你並不孤單，安慰者就在你身邊，把你摟在懷裏，在你耳邊輕述愛的話語。

費爾曼 (Dave Veerman)

你的思想裏充滿了甚麼？

約翰福音十六章7節
「然而，我將真情告訴你們，我去是與你們有益的；
我若不去，保惠師就不到你們這裏來；
我若去，就差他來。」

耶穌在臨升天去與天父共享榮耀之前，跟門徒說了這番話。這段聖經清楚表明了神的旨意，就是要我們與祂合而為一。

離我們最近的，就是我們的思想。因此，我們如果能讓主充滿了我們的思想，就能把主帶進意識裏，使我們與祂合而為一，每天享受其中的喜樂和平安，過得勝的生活。

誠然，祂常與我們同在，正如祂親口應許的(太二十八20；來十三5)。不過，我們若不思想祂，就不能意識到祂的同在。我如果與某人共處一室，但思想裏充滿了許多別的事情，就可能完全忽略了他的存在。我們與神的相處方式也是一樣，祂與我們同在，但我們需要思想祂，意識到祂的存在。

邁爾(Joyce Meyer)

因祂而起

約翰福音十六章7節
「然而，我將真情告訴你們，我去是與你們有益的；
我若不去，保惠師就不到你們這裏來；
我若去，就差他來。」

我們罪得赦免，與我們獲得聖靈一樣，關鍵都是在於信心。我們看見主耶穌被釘在十字架上，就知道罪得赦免了；我們看見耶穌升天，坐在權能的寶座上，就知道聖靈已澆灌在我們身上了。我們獲得聖靈，不在於我們的祈禱、禁食或者苦候，而是在於基督的升天。那些強調「等候」，並且召集「等候聚會」的人，只是在誤導我們。事實上，神並不是將恩典賜與祂「偏愛的小眾」，卻是賜與每一個人，因為祂根本不是基於我們的狀況而賜恩，而是基於祂自己的意願。祂賜下聖靈來顯明**祂自己**的良善和全能，而不是證明我們有多好。基督被釘在十字架上，我們的罪因而得到赦免；基督得了榮耀，我們因而獲得天上的權柄。這一切都是因祂而起。

倪柝聲

面對真理

約翰福音十六章12節
「我還有好些事要告訴你們，但你們現在擔當不了。」

耶穌本來可以把所有的真理都顯示給門徒看，但是祂知道，他們還沒有作好心理準備。祂讓他們等候真理的聖靈從天而降，進住他們的內心引導他們。

耶穌升天之後，差派了聖靈來與我們同在，不斷幫助我們與神同工，讓神的榮耀透過我們顯明出來。

我們如果不面對真理的話，又怎能容許聖靈在我們的生命裏工作呢？因為聖靈也就是説叫做「真理的聖靈」，祂其中的一項聖工就是幫助我們面對真理——把我們帶到真理之地，因為只有真理才能釋放我們，使我們得自由。

你回顧自己的人生——某個人、某件事或者某個處境曾經傷害了你——使你衍生出錯誤的態度和行為，但是，別讓它成為你前進的絆腳石……

請求神向你揭示你的本相，讓你看見真理。祂一旦這樣做了，你就不要離開！雖然面對真理並非易事，但請記住，祂曾答應過：「我總不撇下你，也不丟棄你 。」(來十三5)

邁爾 (Joyce Meyer)

聖靈的引導

約翰福音十六章13節
「只等真理的聖靈來了，他要引導你們明白一切的真理。」

大家都知道鐵路上的火車調軌是怎麼一回事。假設火車頭帶動列車向某一方向行駛，鐵軌某處的轍尖在開或者關的時候出現誤差，那麼列車就被調到偏向左或偏向右的方向了。如果這個事故在黑夜裏發生，列車就開錯了方向，要等走了一段距離之後，才能被人發現。

按這個道理，神把聖靈賜給基督徒，希望我們能夠每天都依靠聖靈的大能過活。沒有了聖靈的大能，人不可能過半點的聖潔生活。人可以貫徹始終地過正派的人生，就是大家稱為無可指責的人生，既有美德又有辛勤的服事，但是如果要過一個神所喜悅的人生，能夠享受神的救贖和慈愛，並在新生命的力量下前進——就只能每時每刻依靠聖靈的引導才能做到。

慕安得烈（Andrew Murray）

沒有人能奪去的喜樂

約翰福音十六章22節
「你們現在也是憂愁，但我要再見你們，你們的心就喜樂了；這喜樂也沒有人能奪去。」

基督所賜的喜樂是常存的。你是否意識到，地上的喜樂是多麼容易消逝？你是否發現，今天的喜樂多麼容易變成明天的哀愁？早上的甜蜜多麼容易變成夜晚的苦澀？你有否察覺到，今天與你稱兄道弟的朋友明天就成了你的對頭？昨天你認為偉大的智慧今天變得愚不可及？

在這個世界上，沒有穩固的事物，你無法找到真正的依靠。我們只有在遵守神的道時，才能體會到，惟獨基督所賜的喜樂才是源源不絕，永不止息，常常充滿我們。這喜樂能勝過人生中的一切困境，因為它不依附在事物上，而是依附在人心裏。

在約翰福音十六章22節中，耶穌說：「你們現在也是憂愁，但我要再見你們，你們的心就喜樂了；這喜樂也沒有人能奪去。」這是很重要的信息。耶穌要給每一個兒女的喜樂，是永不消失的喜樂，因為這喜樂沒有人能奪去。

耶利米 (David Jeremiah)

第一道防線

約翰福音十六章23至24節
「到那日，你們甚麼也就不問我了。我實實在在地告訴你們，你們若向父求甚麼，他必因我的名賜給你們。向來你們沒有奉我的名求甚麼，如今你們求，就必得著，叫你們的喜樂可以滿足。」

我們應該從這段經文中明白耶穌的誡命，然後加以遵行。不要以為祈禱是一件我們出於自己的意願而做的事，就好像我們如果不做的話，沒有甚麼問題。不要以為有其他人祈禱就已經足夠了。你現在已經知道，基督迫切地命令我們祈禱。我們若不祈禱的話，就是犯罪了，就要面對嚴厲的懲罰。基督在這裏的誡命，跟禁止拜偶像褻瀆神名的誡命具相同的份量。從來不祈禱的人應該知道，他們算不上是基督徒，因而並不屬於天國。你不覺得，神憎惡那些拜偶像的、殺人的、偷盜的、褻瀆神名的、蔑視神話語的，是合情合理的嗎？你不覺得，祂嚴懲這些罪行，是適當的嗎？這樣，當你輕視祂的誡命，私下違反有關祈禱的命令時，你卻為何不怕觸怒神呢？

因此，這段經文是在激勵我們，要祈禱不懈。我們藉著祈禱得安慰，得力量，得拯救。祈禱是我們抵抗所有敵人的第一道防線。

馬丁路德 (Martin Luther)

祈禱的兩大障礙

約翰福音十六章24節
「向來你們沒有奉我的名求甚麼，如今你們求，
就必得著，叫你們的喜樂可以滿足。」

魔鬼用兩大障礙來阻撓我們祈禱。第一個障礙是，魔鬼引誘我們想：「我還沒準備好祈禱，應該再等半個小時或者一天，等到準備好了，或者等到完成這件事或者那件事以後，再祈禱吧。」同時，魔鬼分散我們的注意力，讓半小時的時間悄悄溜走，最後使我們整天都忘記了祈禱。日復一日，我們總是被其他事情纏身。這個常見的障礙讓我們清楚看見，魔鬼是如何狡猾地欺騙我們……

第二個障礙是，魔鬼引誘我們問自己：「你怎麼配向神祈禱、念主禱文呢？你現在罪惡深重，等到自己更虔誠的時候再說吧。你現在可能已作好祈禱的準備了，但等到領聖餐、向神認罪悔改的時候再說吧，到那時就可以滿懷信心地來到神面前，更懇切地向祂祈求了，只有在那時才能真心誠意地念主禱文。」這個障礙像巨石一樣壓垮了我們。我們就算自覺多麼的不配，我們的內心也必須盡力移除這個障礙，使我們能坦然無懼地來到神的面前，向祂祈求。

馬丁路德 (Martin Luther)

耶穌已經得勝

約翰福音十六章33節
「我將這些事告訴你們，是要叫你們在我裏面有平安。
在世上，你們有苦難；但你們可以放心，
我已經勝了世界。」

我們要提醒自己，耶穌已經得勝，在基督裏，我們的需要已經得到滿足。我們活著是要把這個得勝的信息傳揚給其他人。我們透過自己的話語和經歷告訴他們，基督已經為我們得勝，也使我們得享勝利的果實。基督，我們的得勝者，已經成就了一切，我們不需要再在上面加添甚麼，也不需要抹去自己的罪，或者試圖戰勝死亡和魔鬼。基督已經為我們成就了一切。真正打仗的不是我們，我們只是在忍受痛苦，為的是將來在基督的勝利中有份。我們並不能因為自己的行為而成就基督的勝利……

我們知道，以前的信徒在遭受嚴峻的試煉的時候，聖靈常常提醒他們，基督已經得勝，使他們有力量忍受苦難。他們因為相信基督的勝利，甚至能為主殉道。願神也在我們經歷困境、面對死亡的時候，使我們堅信基督的勝利。我們雖然不完全理解基督的話語，但仍可以在困境中相信它，領受它的慰勉。

馬丁路德 (Martin Luther)

做個勝利者

約翰福音十六章33節
「我將這些事告訴你們，是要叫你們在我裏面有平安。
在世上，你們有苦難；但你們可以放心，
我已經勝了世界。」

耶穌在不久之後就會被捕、受審、定罪，最後釘在十字架上，從此以後，留下門徒往天下去廣傳福音。耶穌知道他們將受試煉、遭試探、飽受逼迫。因此，祂在最後的吩咐之中，向他們發出警告，也向他們賜下應許。

值得留意的是，耶穌並不是說門徒們「將要有苦難」，而是直接說「有苦難」，語氣是肯定的。不過，他們在苦難裏將有平安，有勇氣。

直到耶穌再來之前，信徒都要活在充滿苦難的世界裏。我們與眾不同，擁有不同的信念、價值觀和生活方式，不願意在信仰上妥協，定意為基督而活，並且呼召人們悔改歸主，因此對安於現狀的大眾構成威脅。

這樣一來，我們就會受到排斥，就會遇到苦難。

不過，我們就算面臨苦難，也能有平安，因為知道，主耶穌已經勝了罪、死亡、魔鬼的一切試探和攻擊，因此，我們有勇氣在任何試煉中以平安的靈面對困境。

你無論面對何種的困難，都不要灰心喪志。你必能得勝，因為主已經勝了世界。

費爾曼(Dave Veerman)

生命的一部分

約翰福音十六章33節
「我將這些事告訴你們，是要叫你們在我裏面有平安。
在世上，你們有苦難；但你們可以放心，
我已經勝了世界。」

如果我們腦子裏總想著，有關自己的任何事情、任何處境、任何關係都應該是完美無瑕的——沒有煩擾，沒有阻礙，沒有可惡的人——那麼，我們就是自佈網羅，讓自己陷入其中；或者，更準確地說，魔鬼就藉著這些錯誤的想法給我們佈下網羅。

我不是說，我們要消極地思想。我鼓勵積極的態度和思想，但是，我的意思是，我們應該面對現實，預先明白到，人生不如意事十常八九……

我並不作失敗的打算，但我的確記得耶穌說，我們在世界上有苦難，有試煉，有憂傷，有失意。這些經歷是我們在今世的生命中的一部分，信徒與非信徒一樣，都不能倖免。只是，世上的苦難傷害不了我們，只要我們信靠神，結出聖靈的果子。

邁爾 (Joyce Meyer)

十字架作為武器

約翰福音十六章33節
「我將這些事告訴你們，是要叫你們在我裏面有平安。
在世上，你們有苦難；但你們可以放心，
我已經勝了世界。」

我們不可追求愚昧虛妄之事，也不可在困境之中向懼怕屈服。我們難免被欺騙所蒙蔽，因苦難而灰心，但是，「遍地滿了耶和華的慈愛」，耶穌的得勝是屬於我們的。祂成就了祂所説的：「你們可以放心，我已經勝了世界」。因此，我們無論是與屬世的觀念爭戰，還是與肉體的欲望爭戰，或是與邪端異説爭戰，都必須以耶穌的十字架作為自己的武器……我們應該緊記使徒保羅的教誨：「你們當以基督耶穌的心為心：他本有神的形像，不以自己與神同等為強奪的；反倒虛己，取了奴僕的形像，成為人的樣式；既有人的樣子，……所以，神將他升為至高，又賜給他那超乎萬名之上的名，叫一切在天上的、地上的，和地底下的，因耶穌的名無不屈膝，無不口稱『耶穌基督為主』，使榮耀歸與父神。」

利奧一世 (Leo I)

苦難與試探

約翰福音十六章33節
「我將這些事告訴你們，是要叫你們在我裏面有平安。
在世上，你們有苦難；但你們可以放心，
我已經勝了世界。」

耶穌說：「在世上，你們有苦難」之後，又加了一句：「但你們可以放心，我已經勝了世界」。祂又教導門徒禱告時應說的話，免得他們遇見試探，祂說：「不叫我們遇見試探」，意思是：「請不要讓我們陷入試探」，為了說明這句話不是指他們不會被試探，而是指他們將獲拯救脫離惡者，祂接著說：「救我們脫離兇惡」。也許，你要問：「被試探與陷入或者進入試探有甚麼分別呢？」一個人如果被惡者戰勝(他除非抵抗惡者，並得到神的保護，否則就會被戰勝了)，就已經進入了試探，成為惡者的俘虜。反之，他如果反抗、忍耐，就在被試探的情況下，仍不至於進入試探或者陷入試探裏。因此，惡者試探我們，把我們引向試探的陷阱，但是神試煉能夠抵受試探的我們。「神不能被惡試探」，惡者用暴力打壓我們，把我們逼向滅亡，但是神用雙手拖帶我們，磨練我們，使我們得到拯救。

亞歷山太的狄奧尼修斯 (Dionysius of Alexandria)

永生

約翰福音十七章3節
「認識你——獨一的真神，並且認識你所差來的耶穌基督，這就是永生。」

神愛我們，甚至犧牲了獨生子耶穌來為我們換取**永生**。到底何為永生呢？是不朽的自尊嗎？是遍佈鏡子的天堂嗎？還是遍佈滑雪板或高爾夫球場的天堂呢？

都不是。耶穌告訴我們：「認識你——獨一的真神，並且認識你所差來的耶穌基督，這就是永生」。那麼，永生是甚麼？就是認識神和祂的兒子耶穌基督，此外沒有別的事情能夠滿足我們的靈魂。我們的靈魂被創造的目的就是敬畏神——惟一配得受敬畏的真神。所有的英雄都是基督的影子，我們喜歡推崇他們的卓越。既然神擁有一切的卓越、能力、才幹、力量、才華、智慧、美德，我們從祂身上得到的滿足是多麼的大啊！這就是我想說的，神愛我們，把我們從自我的枷鎖裏釋放出來，使我們可以永遠地認識祂、崇拜祂。

派博 (John Piper)

神所託付的工作

約翰福音十七章4節
「我在地上已經榮耀你，你所託付我的事，我已成全了。」

主耶穌在世上的生命很短，卻要在裏面成就整個救贖計劃。試想一下，祂要做的事情是何其繁多！然而，祂在生命結束之前，能夠舉目望天，向父神說：「我在地上已經榮耀你，你所託付我的事，我已**成全了**」。

我對此驚歎不已。我很少能夠在一天完結的時候，看見自己已經完成當天所計劃的事情……耶穌怎麼可能完成一生的工作呢——尤其是在時間如此有限的情況下？

在耶穌的話語裏，我們能找到提示——那是有力的真理，把我們從勞碌和沮喪的捆綁裏釋放出來。請留意，耶穌在三十三年裏要在世上完成的工作是：「**你所託付我的事**，我已成全了」。這就是箇中的奧祕所在。耶穌並不是完成祂的門徒希望祂做的事情(一些門徒希望祂能夠推翻羅馬政府！)，也不是完成天下萬人期待祂做的事情(世上仍有病人、孤單的人、垂危的人)，但是，祂確實完成了**神**所託付祂的工作。

狄楠堅(Nancy Leigh DeMoss)

最後的囑咐

約翰福音十七章20節
「我不但為這些人祈求，也為那些因他們的話信我的人祈求。」

從經文的上文下理來看這句話的時候，我們只需要明白一個事實：在不到二十四小時的時間裏，祂便要離世了。祂知道這個事實。此時是做出一些最後的安排的時候。不但是最後的晚餐，也是祂最後與門徒在一起的時刻，是最後的相視、最後的擁抱、最後的囑咐的時刻。

在夜晚結束的時候，耶穌為他們作了最後的禱告。祂不但為門徒祈求，也為那些因他們的話信祂的人祈求……

你聽見祂的祈求嗎？……

祂不但為第一批門徒求，也為跟隨在他們後面的每一個信徒求。

就是說，祂也為我求。

也為你求。

葛爾肯(Ken Gire)

耶穌在客西馬尼園中痛苦掙扎

耶穌同門徒來到一個地方，名叫客西馬尼，就對他們說：「你們坐在這裏，等我到那邊去禱告。」

馬太福音二十六章36節

耶穌在客西馬尼園中痛苦掙扎

深夜、盛宴和情感的重負壓倒門徒。他們的眼皮對抗重力，但卻失敗了。這些人可能願意警醒，但他們的軀體卻想睡覺。耶穌感到他們那無助的退卻是祂自己所受的考驗另一個痛苦的部分。不，他們甚至不能和祂一起警醒一小時。客西馬尼園提供一個有欺騙性的安靜場所，讓他們從漫長的一天退隱。

祂獨自在禱告中掙扎。幾步以外，睡眼惺忪的門徒依稀聽到祂的痛苦，在月光下留意到祂的汗水好像血那樣閃耀，他們不禁疑惑，為甚麼祂那麼困擾，但他們慢慢沉沉睡去。他們的昏昏沉沉令他們在那些暴徒來捉拿耶穌時變得恐懼。

耶穌的禱告是甚麼意思？耶穌不願意面對十字架，和祂決意令人類得到拯救怎樣配合？和別人一起思想在客西馬尼園那些時刻的意義，以及耶穌賦予禱告的重要性時，檢視你自己的警覺性。

禱告的習慣

路加福音二十二章41節
於是離開他們約有扔一塊石頭那麼遠，跪下禱告。

我的弟兄啊，如果你和我要好像耶穌那樣，我們必須特別默想耶穌在曠野獨自禱告。**那裏有祂了不起的生命的祕訣。**祂向人所做的事和所說的話，**首先向天父說，並與天父一起活出來**。在與天父的團契中，聖靈的恩膏每天都得到更新。在行動和談話中像祂的人，必須從這裏開始，跟隨耶穌進入獨處……除了平時的禱告時間外，他有時會感到不可抗拒地被引進聖所，而且不從那裏出來，直到他重新得到顯明，神是他的份。在自己的密室，關上門；或者在曠野的獨處中，必須每天找到神，並更新我們與祂的團契。如果基督需要這樣，我們便更需要這樣！祂需要怎樣，我們也需要怎樣。

慕安得烈 (Andrew Murray)

神在那裏

馬太福音二十六章38節

便對他們說：「我心裏甚是憂傷，幾乎要死；你們在這裏等候，和我一同警醒。」

如果你前來說：「主啊，我完全降服在我的神面前」，即使是帶著戰兢的心，意識到：「我感覺不到那力量，我感覺不到那決心，我感覺不到那保證」，你也會成功。不要害怕，只要以你的本來面目前來，即使在你的戰兢中，聖靈的能力也會工作。

你從未學懂那教訓嗎？在人這邊一切都顯得軟弱時，聖靈也以大能工作。看一看在客西馬尼園的主耶穌基督。我們讀到祂「透過永恆的靈」，將自己作為祭物獻給神。神全能的靈令祂能夠這樣做。但多大的痛苦、恐懼和極度哀傷侵襲祂，祂又怎樣禱告！從外面看，你看不到聖靈大能的徵象，但神的靈在那裏。而即使這樣，當你軟弱、掙扎和戰兢時，要相信神的靈那隱藏的工作，不要害怕，要順服。

慕安得烈 (Andrew Murray)

可畏

馬太福音二十六章39節
他就稍往前走，俯伏在地，禱告說：「我父啊，倘若可行，求你叫這杯離開我。然而，不要照我的意思，只要照你的意思。」

一位大學生對我說：「我對耶穌在客西馬尼園為著即將被釘十字架而掙扎感到疑惑。在那裏發生了甚麼事？耶穌要求不用喝那個杯？這對我來說簡直是瘋狂。」

我回答說：「和我一起思考一會兒吧。人類的罪這個杯，要由眾人中最純潔的一位一滴不留地喝盡。對肉身最痛苦的折磨是被釘十字架。但耶穌並不害怕那肉體的痛苦。世界上惟一不能分開的整體是那神聖的三位一體。當耶穌受到罪的指控時，祂的天父可能離棄祂，這是祂心中最在意的事情。但祂知道，如果這是實現拯救的惟一方法，祂也會這樣做……看那十字架，現在邪惡以它的真面目示人——人心裏的所有污穢都在那完全純潔的一位的臉上。邪惡沒有被掩蓋起來。再看神的愛是多麼奇妙，這愛赦免這樣的邪惡……」

那學生沉默了一會，然後只說出一句話：「可畏。」他再次低聲說：「實在可畏。」

撒加利亞（Ravi Zacharias）

那苦杯

馬太福音二十六章39節
他就稍往前走，俯伏在地，禱告說：「我父啊，倘若可行，求你叫這杯離開我。然而，不要照我的意思，只要照你的意思。」

祂完全順從並默然同意神的旨意；「然而不要照我的意思，只要照你的意思」。我們的主耶穌雖然十分清楚自己將會承受怎樣的極度痛苦，但為了我們的救贖和拯救，祂仍然完全願意承受那些痛苦，為我們獻出自己，付出自己。基督順從地受苦，是因為這是祂天父的旨意；「照你的意思」(39節)。祂將自己的願意，建基於天父的旨意，將事情完全取決於此；因此祂做祂所做的事情，並樂意地做，因為那是神的旨意。為了遵照基督這個榜樣，我們必須喝神放在我們手中的苦杯，即使它十分苦；雖然有自然的掙扎，但恩典必須使我們順服。接著我們便受到好像基督受到的對待，雖然令血肉之軀不喜悅，但我們的旨意在一切中都融入神的旨意；主的旨意得以成就。

亨利 (Matthew Henry)

順服神的生命

馬太福音二十六章39節
他就稍往前走，俯伏在地，禱告說：「我父啊，倘若可行，求你叫這杯離開我。然而，不要照我的意思，只要照你的意思。」

祂從沒有一刻想到尋求自己的榮耀，或者堅持自己的能力，為自己辯白。祂整個精神都是順從神，讓神工作的生命。直到基督徒研究耶穌的謙卑，作為祂救贖的本質，作為神的兒子的生命那天恩，作為與天父惟一真正的關係，並因而作為耶穌必須給我們的——如果我們要和祂有任何關連的話，可怕地缺乏真實、屬天、顯明的謙卑，會成為重擔和哀傷，而我們普通的宗教會被放在一旁，以得到這基督在我們裏面第一個和主要的記號。

你是否披上謙卑？問你每日的生活。問耶穌。問你的朋友。問世界。然後開始讚美神，因為在耶穌裏面為你打開了天上的謙卑，是你從不認識的，而透過它，你可能從未嘗過的天恩會來到你這裏。

慕安得烈 (Andrew Murray)

阿爸，父

馬可福音十四章36節

他說：「阿爸！父啊！在你凡事都能；求你將這杯撤去。然而，不要從我的意思，只要從你的意思。」

稱神為「阿爸」是源於耶穌在客西馬尼園的痛苦：

「他說：『阿爸！父啊！在你凡事都能；求你將這杯撤去。然而，不要從我的意思，只要從你的意思。』」(可十四36)

阿爸是耶穌時代一個普通的家常用語。它表達親密、溫柔、倚靠和完全沒有恐懼及焦慮。現代英語的對應是「爹哋」或爸爸。

猶太人做夢也不會想到用這個那麼親密的詞語來稱呼神。不過，耶穌在禱告中總是使用這個詞(亞蘭文的*abba*或它的希臘文對應*pater*)，除了在十字架上的呼喊外。

耶穌也指示門徒在禱告中使用這個詞。我們得到授權，可以好像小孩子向父親說話那樣向神說話。

耶利米 (David Jeremiah)

成就祢的意思

路加福音二十二章42節
「父啊！你若願意，就把這杯撤去；然而，不要成就我的意思，只要成就你的意思。」

以崇敬的驚歎凝視這一幕。那孤獨的身影刻在粗糙的橄欖樹上。血一般的汗滴在地上。凡人的渴望：「把這杯撤去。」最後的順從：「不要成就我的意思，只要成就你的意思。」(路二十二39～46)這個順從的表達無可比擬，我們經常默想是好的。

在這裏，成肉身的神子含著淚禱告，但得不到祂所要求的。耶穌明白禱告得不到應允的重擔。祂真的希望那杯撤去，祂也這樣祈求。祂的疑問，祂的疑惑是「你若願意」。祂仍然未完全清楚天父的旨意。「有沒有其他方法？」「人可以藉著其他途徑得救贖嗎？」答案是——不！慕安得烈寫道：「為了我們的罪，祂在那禱告不蒙應允的重擔下受苦。」

這裏是將人的意志完全放下。但我們的口號是：「成就我的意思！」而不是「成就祢的意思」。

傅士德 (Richard J. Foster)

絕對的降服

路加福音二十二章42節
「不要成就我的意思，只要成就你的意思。」

當你確實將自己絕對降服下來時，要相信神現在已經接受了。這就是那個重點，也是我們往往忽略的——信徒應該這樣在降服這個問題上專注於神。我懇求你專注於神。我們想得到幫助，我們每一個人都這樣想，以致在我們的日常生活中，神對我們會顯得更清晰，神會有正確的地位，成為「我們的最愛」。如果我們要在生命中達到這地步，讓我們現在就開始將目光轉離自己，仰望神。讓每個人都相信——我這條地上的可憐蟲，神正在顫抖的孩子，充滿失敗、罪和恐懼，我俯伏在這裏，沒有人知道我心裏想到甚麼，我只是單純地說：神啊，我接受祢的條件；我祈求自己和別人得到祝福，我接受祢要我完全降服這個條件——你的心在深深的安靜中這樣說時，要記得有一位神存在，祂將你的話記錄下來，寫在祂的冊上。要記得有一位神在這刻擁有你。你可能感覺不到，你可能察覺不到，但如果你信任神，祂便擁有你。

慕安得烈 (Andrew Murray)

實行天父的旨意

路加福音二十二章42節
「父啊！你若願意，就把這杯撤去；然而，不要成就我的意思，只要成就你的意思。」

如果神子順從地實行祂天父的旨意，僕人便應該更順從他主人的旨意！……這是神的旨意，基督這樣實行，也這樣教導：在談話中謙卑；在信心中堅忍；言語要質樸；行為要公義；工作要有憐憫；道德要有紀律；要無力做錯事；要有能力忍受別人做的錯事；要與弟兄姊妹和睦；要全心愛神；以祂為天父愛祂；以祂為神敬畏祂；不愛任何事物甚於基督(因為祂不愛任何事物甚於我們)；永不分離地依附祂的愛；勇敢和忠心地站在祂的十字架旁。當有反對祂的名和榮耀的戰爭時，祂的旨意是要我們顯示認信的一致；在折磨中，我們以信心戰鬥；在死亡中，我們以忍耐得冠冕。這就是實行神的誡命。這就是實現天父的旨意。

居普良(Cyprian)

天使堅固我們

路加福音二十二章43節
有一位天使從天上顯現，加添他的力量。

只是在不多久之前，祂說過：「我已經勝過世界」，但現在祂需要特別的力量，祂的天父差派一位天使加添祂的力量。

今天，這對我來說是平安的話。我們接受天父的旨意，知道祂令我們勝過敵人所有的力量。不過，有些時候，我們確實需要特別的力量，才能夠不在結束前倒下。我們的天父知道這點；祂沒有說：「你在開始時已經接受了一切；這現在考驗你的靈的東西也包括在內。」

祂的愛明白我們，祂差派一位天使來堅固我們。

賈艾梅 (Amy Carmichael)

警醒和禱告

馬太福音二十六章41節
「總要警醒禱告，免得入了迷惑。你們心靈固然願意，肉體卻軟弱了。」

「警醒禱告，免得入了迷惑。」這些禱告警告你，你需要主的幫助。你不應該倚靠自己好好地活。不要祈求這個世界的財富和榮耀，或者祈求無價值的財產。但要祈求你不會陷入試探。如果你可以自己實現這點，你不會在禱告中這樣祈求……事實上，你開始運用這智慧時，便有理由獻上感恩。「你有甚麼不是領受的呢？若是領受的，為何自誇，彷彿不是領受的呢？」也就是說，彷彿你可以靠著自己的能力得到。你接受了那恩賜後，請求開始賜給你恩賜的那一位使那恩賜完全吧。

奧古斯丁(Augustine)

再次離開去禱告

馬太福音二十六章44節
耶穌又離開他們去了。第三次禱告，説的話還是與先前一樣。

花很多時間禱告並不是錯或無益的，只要這不會妨礙我們做責任要求我們做的其他好和必須的事情……因為和有些人的想法不同，花很長時間禱告和「以很多話」禱告並不相同。多言是一回事，但渴望那持續的溫暖又是另一回事。聖經説主整夜禱告，祂在痛苦時也延長了禱告。這不是我們的代求者的榜樣嗎？祂和天父永遠都聆聽我們禱告……如果我們留意自己的靈魂，我們絕對不會在禱告中用「很多話」，或者避免延長的禱告。在禱告中多言，是在祈求必須的東西時，使我們的言語變得廉價，並過度運用我們的言語。但延長禱告，則是讓我們的心與我們對禱告對象持續敬虔的感情一起跳動。在大多數情況下，禱告包含歎息多於説話，包含眼淚多於言語。祂看見我們的眼淚。我們的歎息沒有向祂隱藏。因為祂以言語創造一切，祂並不需要人類的言語。

奧古斯丁（Augustine）

我們走吧

馬可福音十四章42節

「起來！我們走吧。看哪，那賣我的人近了！」

在那個園子中，神的兒子背負祂私人的十字架。很快祂便會公開地背負它，但當祂跪下後起來，雙膝紅腫、充滿痛苦時，祂塵封的臉好像很堅硬……基督來到地上時，知道自己需要做甚麼。記得嗎？祂是從世界創立時被宰殺的羔羊。從一開始祂便彷彿已經死去。耶穌只為了一個目的而活：實行祂天父的旨意……

有時，在一件事情中服從神是我們一生中最艱難的事。我們有感受並沒有錯。我們不服從才是錯的。和神討價還價。要求那杯撤去，但無論如何，堅持實行祂的旨意。榮耀面對危險。正因為這樣，祂帶那三個人近前去看——教導他們在痛苦中禱告，不要睡覺。這次他們睡著了。他們沒有甚麼能力不這樣做。但終有一天，他們每個人都會從自己的客西馬尼園起來，背起自己的十字架。

穆爾 (Beth Moore)

我們能夠做的最偉大事情

帖撒羅尼迦前書五章17節
不住地禱告。

花更多時間，並在清晨禱告，會神奇地使很多腐敗的屬靈生命復甦和強壯起來。花更多時間，並在清晨禱告，會在聖潔的生活中顯明出來。如果我們的靈修不是那麼短促和匆忙，聖潔的生命便不會那麼罕有和那麼難以實現。如果我們在隱密處的逗留為時更長和更強烈，活像基督的性情那甜蜜和平靜的芬芳便不會是那麼陌生和無望的遺產。我們活得襤褸，因為我們禱告得吝嗇……

禱告是我們能夠做的最偉大事情：要禱告得好，必須安靜、有時間和刻意為之；否則禱告便會淪為最微小和低劣的事情。真正的禱告有最大的好結果；差勁的禱告只有最小的好結果。我們進行的真正禱告怎樣都不會太多；我們進行的欺詐行為怎樣都不會太少。我們必須重新學習禱告的價值，重新進入禱告的學校。沒有甚麼需要更多時間學習……我們必須要求將每天最好的時間留給神和禱告，並堅決地這樣做；否則便不會有配稱為禱告的禱告。

邦茲 (Edward M. Bounds)

恆久地禱告

以弗所書六章18節

靠著聖靈，隨時多方禱告祈求；並要在此警醒不倦，
為眾聖徒祈求。

禱告世界的所有奧祕中，需要恆久地禱告是其中一個最大的奧祕。那位那麼慈愛、那麼渴望祝福我們的主，需要我們不住向祂祈求，有時甚至是年復年地祈求，然後才回答我們，實在令我們難以明白。這也是實行相信的禱告中，其中一個最大的實際困難。在恆久地禱告後，如果我們的禱告仍然未蒙應允，我們怠惰的肉體，雖然表面看來敬虔地順服，但卻很容易以為我們必須停止禱告，因為神不應允我們的禱告，可能有祂的祕密理由。

只有靠著信心才能夠克服這個困難。當信心站穩在神的話和耶穌的名中，順從聖靈的帶領，在禱告中單尋求神的旨意和榮耀時，便毋須因為神遲延而灰心。信心從聖經得知，相信的禱告有不可抵擋的能力；真正的信心永遠都不會失望。

慕安得烈 (Andrew Murray)

祂是我們的榜樣

馬可福音一章35節
次日早晨，天未亮的時候，耶穌起來，到曠野地方去，在那裏禱告。

只有禱告對神才有效。但基督已經定意令禱告不對邪惡生效。禱告用在良好的目的時，基督給它所有德行。因此，禱告只知道……怎樣轉化軟弱的，恢復患病的，洗淨被鬼附的，打開監獄的大門，解除無辜者的捆綁。同樣，禱告洗去錯謬，驅除試探，消滅迫害，安慰灰心的人，鼓勵受壓制的人，保護在旅途中的人，平靜海浪，嚇怕盜賊，養育貧窮的人，管理富有的人，扶持跌倒的人，拯救陷落的人，堅定站穩的人。禱告是信心之牆。它給我們裝備，向我們四周的敵人發射火箭。因此，我們走路時永遠都不是沒有武裝。白天我們察覺到自己的站崗；晚上我們留意到自己的守衛。在禱告的盔甲下，我們守護著我們將軍的旗幟。我們在禱告中等候天使的號角……那麼，我們除了禱告的責任外，還需要甚麼？甚至主自己也禱告，願榮耀和尊貴世世代代都歸與祂！

特土良 (Tertullian)

清晨跪下

馬可福音一章35節
次日早晨，天未亮的時候，耶穌起來，到曠野地方去，在那裏禱告。

世上為神做了最多事情的人都在清晨跪下禱告。浪費清晨，浪費清晨的機會和清新，追逐其他事物，而不是尋求神的人，在一天餘下的時間尋求祂時進展會很差。如果在早上，神在我們的思想和努力中不是佔第一位，在一天餘下的時間，祂便會處於末後的位置。

在這早起和晨禱背後，是一份熱心的渴望，驅使我們尋求神。早上沒精打采，顯示心裏冷淡……基督渴望與神相交；因此，祂在白天前很早便起來，到山上禱告。門徒完全清醒，為自己的放任而慚愧時，知道應該到哪裏找基督。我們可以逐一細察那些為神在世上留下深刻印記的人，便會發覺他們都是清早朝見神的人。

對神的渴望如果不能打破睡眠的枷鎖，便是軟弱的東西，在完全沉溺後，對神沒有甚麼好處。對神的渴望，如果在一天開始時遠遠落在魔鬼和世界的後面，便永遠都趕不上來。

費奈隆（François Fenelon）

在禱告時渴睡

路加福音六章12節
那時，耶穌出去，上山禱告，整夜禱告神。

讓我們迫切地禱告，以持續的請求發出歎息。因為不太久以前，我在異象中受到責備，因為我們在禱告中渴睡，沒有警醒地禱告。毫無疑問，「責備自己所愛的人」的神責備我們，藉以糾正我們；糾正我們，藉以保存我們。因此，讓我們掙脱睡覺的捆綁，迫切和警醒地禱告。正如使徒保羅命令我們那樣：「不住警醒禱告。」因為這位使徒日夜不住禱告。主耶穌這位我們的教師和模範也經常警醒禱告。我們在路加福音讀到：「耶穌……上山禱告，整夜禱告神。」當然，祂禱告是為我們禱告，因為祂不是罪人，只是背負別人的罪。在另一處，我們讀到：「主又說：『西門！西門！撒但想要得著你們，好篩你們像篩麥子一樣；但我已經為你祈求，叫你不至於失了信心。』」如果祂為我們和我們的罪勞苦、警醒和禱告，我們更應該不住禱告。首先，向主禱告和祈求。然後，透過祂得以回到天父上帝那裏！

居普良 (Cyprian)

被催促去禱告

路加福音十八章1節
耶穌設一個比喻，是要人常常禱告，不可灰心。

那位在我們祈求之前已經知道我們需要甚麼的主，催促我們禱告，祂說：「人應該常常禱告，不可灰心。」主講述一個故事。一個寡婦希望從敵人中得到伸冤。她藉著不住的請求，令一個邪惡的審判官聽從她。審判官不是因為公義或憐憫而受感動，而是因為忍受不了她不厭其煩的請求。這個故事鼓勵我們，主神是憐憫和公義的，祂留意我們不住的禱告，更甚於這個寡婦以不住的請求贏得那個漠不關心、不公、邪惡的審判官……主在另一個比喻中給予類似的教訓。一個男人沒有東西給在旅途中的朋友吃……他迫切和不住的要求，令鄰居給他所需要的餅。這個鄰居被他的願望推動，是因為想避免受到騷擾，而不是出於慷慨。透過這個故事，主教導我們，那些睡著的人被驅使施予給那些騷擾他們的人。但那位永不睡覺的神，會以更大的仁慈施予。事實上，祂甚至會將我們從睡夢中喚醒，讓我們可以向祂祈求。

奧古斯丁 (Augustine)

努力地禱告

馬太福音六章6節

「你禱告的時候，要進你的內屋，關上門，禱告你在暗中的父；你父在暗中察看，必然報答你。」

如果以正確的心態進行，禱告是十分有力的武器。禱告是那麼有力，以致不住的祈求戰勝了無恥、不義和極度的殘忍……讓我們努力地禱告吧。如果以誠懇和真誠運用，不將注意力引向我們自己，禱告是十分有力的武器。它曾經將戰爭逆轉，令整個不配的國家得益……因此，如果我們謙卑地禱告，好像那個稅吏那樣搥著胸說：「可憐我這個罪人」，便會得到自己祈求的一切……我們需要很多悔罪、愛、很多禱告、很多忍耐和很多堅持，才能夠得到應許給我們的好東西。

屈梭多模(Chrysostom)

耶穌被捕

「你想，我不能求我父現在為我差遣十二營多天使來嗎？若是這樣，經上所說，事情必須如此的話怎麼應驗呢？」

馬太福音二十六章53至54節

耶穌被捕

低訴的聲音和橄欖樹中的微風，被暴徒腳步的隆隆聲取代。火把在黑暗中照耀，在憤怒和堅決的臉孔上投下陰影。門徒知道那些帶著武器的人要找的是他們時，睡意全消，充滿恐懼。接著是令人疑惑的對抗。猶大在棍和刀的支持下，上前和耶穌親吻，在陰暗中那羣人中挑了祂出來。其他人上前拘捕祂。混亂中，彼得拔出刀子，顯示出他那特有的衝動，以差勁的刀法，將某人的耳朵割了下來。耶穌明顯不願意抵抗拘捕，令門徒更慌張，他們想到的惟一辦法是逃走。那些發誓會堅持下去的人，卻逃進黑暗之中。

門徒的懦弱似乎應該受到責備：直到我們開始想到，我們在黑暗的世界中怎樣和耶穌一起站立時。思想他們在壓力下的反應，給我們機會，反思我們多麼經常在危險初現時找尋蔭庇。或許更重要的是，我們可以更深入明白，當事實證明我們在受到攻擊時不忠，神會怎樣回應。

不小心的追隨者？

路加福音二十二章48節
耶穌對他說：「猶大！你用親嘴的暗號賣人子嗎？」

如果我和猶大這個地獄之子犯了同樣的罪，那又怎樣呢？我是否好像其他人一樣，在世上不小心地生活，但卻自認是追隨耶穌的人？如果我這樣不一致地行動，我肯定是猶大，沒有出生還好。我膽敢盼望自己在這件事上是清白的嗎？那麼，主啊，保守我這樣吧。主啊，讓我真誠和忠實。保守我脫離一切虛假的路。永遠都不要讓我出賣我的救主。耶穌，我真的愛祢，雖然我經常傷祢的心，但我渴望忠心地謹守，甚至不惜犧牲。神啊，求祢禁止我成為高升的認信者，然後又因為以親吻出賣我的主而墮進火湖中。

司布真 (Charles Haddon Spurgeon)

祂的准許

約翰福音十八章4至6節

耶穌知道將要臨到自己的一切事，就出來對他們說：「你們找誰？」他們回答說：「找拿撒勒人耶穌。」耶穌說：「我就是！」賣他的猶大也同他們站在那裏。耶穌一說「我就是」，他們就退後倒在地上。

猶大迎接了大祭司和法利賽人差派的一羣人和官員後，帶著燈籠、火把和武器來到。這些人以前也經常被派來捉拿耶穌，但卻不能；而很明顯，在這個時候，祂自願讓他們拘捕自己……你看祂那不能征服的能力，在他們中間，祂怎樣令他們的眼睛昏花？他們不認得祂，不是因為黑暗，他們有火把。而即使沒有火把，他們至少也可以憑祂的聲音認得祂。即使他們不認得祂的聲音，猶大也不會無知吧？因為他也和他們站在一起，和他們一樣不認得祂，和他們一起向後倒下。耶穌這樣做是要表明，他們不單不能捉拿祂，甚至不能在當中看見祂，除非有祂的准許。祂表明他們所做的不是來自他們的能力，而是來自祂的同意，並宣告祂並不對抗神，而是順服神，甚至順服至死。

屈梭多模（Chrysostom）

他們早應該知道

約翰福音十八章6節
耶穌一說「我就是」，他們就退後倒在地上。

祂一說：「我就是」，他們就退後倒在地上。他們在那麼敏感地經歷祂的能力和憐憫後，仍然恢復攻擊，這是多麼不可思議啊！但在他們當中的祭司很可能說服自己和隨從，這也是靠著別西卜的能力而做的；而他們沒有進一步受到傷害，是因為神的神佑，而不是耶穌的寬容。

約翰・衛斯理 (John Wesley)

世俗的武器

馬太福音二十六章51至52節

有跟隨耶穌的一個人伸手拔出刀來，將大祭司的僕人砍了一刀，削掉了他一個耳朵。耶穌對他說：「收刀入鞘吧！凡動刀的，必死在刀下。」

我們知道門徒只有少量武器，他們只有兩把刀。彼得明顯拿著其中一把，準備好實踐他的誇耀——他會為主受苦，如果需要，更會為祂死。他明顯將刀從上到下地向馬勒古揮動，如果馬勒古沒有避開，彼得可能已經殺死他。耶穌對那些捉拿祂的人說：「到了這個地步，由他們吧」，要求他們稍為放鬆祂，讓祂可以觸摸馬勒古的耳朵。藉著醫治馬勒古和向彼得說的話，耶穌顯示刀並不是用來保衛真理或推進祂的國。如果祂沒有這樣說話和行動，祂見證祂的國不屬於這個世界時(約十八36)，彼拉多可能會懷疑祂的話。我們不會無知到倚靠刀劍推進真理，但卻經常受到試探，對其他同樣無用的「世俗武器」有不當的信任。財富、雄辯和宏偉的教會建築，都並不包含多少拯救的恩典。得勝的是真理。

麥加維和彭德爾頓

(J. W. McGarvey and Philip Y. Pendleton)

熱心並不足夠

約翰福音十八章10節

西門彼得帶著一把刀，就拔出來，將大祭司的僕人砍了一刀，削掉他的右耳；那僕人名叫馬勒古。

彼得願意為基督死。他沒有説謊。他真的這樣想。那些是他的心底話。

現在彼得被喚醒，參與一個惡夢。在他面前站著一大羣拿著刀和棍的人。突然間，他們捉拿耶穌⋯⋯

彼得措手不及。啊，耶穌曾經警告他：「要警醒禱告。」但他卻睡著了。彼得知道自己的心靈，但卻沒有預計自己的肉體。因此他為了失敗和譴責而痛哭。

你是否察覺到自己肉體的軟弱？啊，熱心是有的，也有獻身和委身⋯⋯但還有肉體！

但願你和我都記得，要小心看守自己⋯⋯但願我們常常禱告。只有不斷地警惕和緊密的團契，才能令我們免於痛哭。

很多曾經熱心地站立的人，今天都陷於試探中。單靠熱心不能阻止你跌倒。需要的是警醒和禱告。

歐凱利 (Kay Arthur)

天使沉默

馬太福音二十六章53節

「你想，我不能求我父現在為我差遣十二營多天使來嗎？」

當我們明白神為了救贖人，願意付上多大代價時，才能夠開始看到人類有些可怕的錯誤。人類必須有救主，否則便會滅亡！罪令神要付出祂最好的。天使看著神的計劃實行時，將自己的臉蒙上，在驚愕中沉默，有甚麼奇怪呢？他們想到罪那可怕的墮落能力，令耶穌要完全背負它時，他們一定十分難以理解。但他們很快便會揭開他們的面紗，再次獻上讚美。那天在加略山點起了一點光。最可怕的黑暗被拯救的光輝打破時，十字架閃耀著神的榮耀。撒但那墮落的軍隊被打敗，他們再不能將所有人留在黑暗和失敗中。

葛培理 (Billy Graham)

最後一次醫治

路加福音二十二章51節
耶穌說：「到了這個地步，由他們吧！」就摸那人的耳朵，把他治好了。

耶穌雙手被捆綁前做的最後一件事是醫治人。

你曾否問自己：如果我知道這是我會做的最後一件事，我會做甚麼？我從未找到這個問題的答案。我們實在有很多很多事情想為我們所愛的人做，以致我不認為我們能夠找到這眾多事情中最主要的一件。因此，最好是單單盡我們所能做好每件事。

我們的主耶穌花了很多時間醫治病人，而在事情的自然發展中，祂以自己仁慈的雙手所做的最後一件事，剛好是醫治一個嚴重的刀傷。(我不禁想到，他們在這件事後，怎麼還能硬著心腸捆綁祂雙手？) 在這件事中，和所有事情一樣，祂都留給我們一個應該跟隨的榜樣。忠心、充滿愛和耐心地在下一小時的下一分鐘做你要做的事；然後你在失去能力前(如果會這樣的話) 所做的最後一件事，也會只是延續那之前的一切事情。

賈艾梅 (Amy Carmichael)

這是黑暗的時刻

路加福音二十二章53節
「我天天同你們在殿裏，你們不下手拿我。現在卻是你們的時候，黑暗掌權了。」

當大祭司、聖殿的人員和長老來到客西馬尼園捉拿耶穌時，他們能夠成功，只是因為至高的神容許他們成功。耶穌指出，祂每天都在聖殿教訓人，但他們從沒有拘捕祂。現在他們卻拿著刀和棍來抓祂。「現在卻是你們的時候，黑暗掌權了。」(路二十二53) 誰給他們那時候？誰容許他們有能力捉拿祂？是神。沒有祂准許，甚至麻雀也不能掉到地上。神是全能的，祂從不睡覺，公義和永遠掌權。沒有甚麼能夠令祂驚訝。那時和任何時候，一切都是為了良善而進行。

我們自己的困難往往顯得不受管束，我們的悲劇似乎完全不受控制。但它們並非這樣。它們都只是**客體**。已經定下了界限。神靜靜地工作，站在陰影中，不住地看顧著祂的兒女。

「光照在黑暗裏，黑暗卻不接受光。」(約一5)

艾莉莎 (Elisabeth Elliot)

他們逃走

馬太福音二十六章56節
當下，門徒都離開他，逃走了。

祂從沒有離棄他們，但他們懦弱地為自己的性命感到害怕，在祂的苦難開始時逃走。這只是其中一件事件，表明如果讓所有信徒自行其是，他們會多麼軟弱；他們至多也只是羊羣，在狼來到時便逃走。耶穌已經警告過他們有這危險，他們也承諾寧願死也不會離開他們的主；但他們卻突然感到恐懼，於是紛紛逃跑。承諾是一回事，實踐卻是另一回事。勇敢地站在耶穌身旁，會令他們得到永恆的榮耀；但他們從榮耀逃跑；但願我不仿效他們！除了在他們的主附近外，他們還可以在哪裏找到這樣的安全？祂現在就可以召喚十二營天使來。他們從真正的安全中逃跑。這些好像兔子一樣膽怯的使徒，在聖靈降臨在他們身上後，變得好像獅子一樣勇猛。救主看到自己的朋友那麼缺乏信心時，一定感到很痛苦！

司布真（Charles Haddon Spurgeon）

憂患之子

以賽亞書五十三章3節
他被藐視，被人厭棄；多受痛苦，常經憂患。他被藐視，好像被人掩面不看的一樣；我們也不尊重他。

基督在世上時，也被人鄙視和拒絕。在有最大需要時，祂被同伴和朋友離棄，要自己承受這些指責。基督願意受苦和被鄙視，你敢有任何抱怨嗎？基督有敵人和反對祂的人，你想所有人都成為你的朋友和贊助人嗎？如果你沒有遇到逆境，你的忍耐怎能夠得到冠冕？如果你不願意忍受任何逆境，你怎能夠作基督的朋友？如果你要和基督一起作王，便要與基督，並且為基督支持自己。

如果你一旦進入耶穌的心，嘗過一點兒祂那溫柔的愛，你便不會再介意自己是否方便，而會寧願因為你遇到的麻煩而歡欣，因為耶穌的愛令人鄙視自己。

多馬．肯培 (Thomas À Kempis)

耶穌受審

他們都說：「這樣，你是神的兒子嗎？」

耶穌說：「你們所說的是。」

路加福音二十二章70節

耶穌受審

「不公正的法庭」這個詞語最適合用來形容耶穌的審訊。祂被人用似乎是真實的把戲，從一個審判官那裏帶到另一個審判官那裏。程序有合法性的所有表面裝飾，以及有害和不公平的陰謀包含的所有細節。在將公義扭曲中，甚麼花招都用過。那判決從未受到質疑，但那努力要求所有有關人士的最大參與。

最終，在那虛偽的審訊發生的事件中，我們每個人都至少有兩個代表：代替我們成為被告的耶穌，以及代替我們成為原告的一大羣其他人。每個代表我們的人都扮演自己的角色。我們的代替者成功地判耶穌死刑，而祂則成功地代替我們受死。我們每個代表都實現了自己的即時目的，雖然他們的最終目的有最大的分歧。我們重溫這些事件，再次承認我們的參與，並感恩地接受我們得到的最終好處。

一個預知的結論

馬可福音十四章55節

祭司長和全公會尋找見證控告耶穌，要治死他，卻尋不著。

這個審訊明顯是鬧劇。結果在審訊前早已決定，馬可記載，祭司長尋找見證，因為他們決意要置耶穌於死地。這令我想起早期西部那些治安維持會成員的記載，他們向受害人宣佈，他們一定會得到公平的審訊，然後便將他們吊死。耶穌的審訊從開始便是非法的：首先，審訊在晚間進行，而猶太人的律法堅持，祭司對所有罪犯的審訊都要在白天進行；其次，審訊在錯誤的地點舉行。公會只能夠在為了它的目的而安排的禮堂召開，只有在那裏召開的會議才有效。但這個審訊卻在大祭司家裏舉行。第三，律法禁止公會在舉行審訊的同一天作出裁決，而在這裏，裁決卻在鬧劇般的審訊結束時立即作出。

斯特德曼 (Ray C. Stedman)

虛假證供

馬太福音二十六章59節
祭司長和全公會尋找假見證控告耶穌，要治死他。

這並非審訊，而是鬧劇。他們完全沒有意圖給耶穌機會宣告自己沒有犯他們揑造的控罪。在妒忌心驅使下，他們已經決定耶穌必須死……

這並非審訊，而是精心安排的陰謀，是宗教領袖設計的。他們命令官員執行拘捕。他們找了假見證人。他們將基督交給彼拉多，鼓動羣眾支持釋放巴拉巴這個真正的罪犯。他們威脅彼拉多。他們嘲笑基督。他們肆無忌憚地走向各各他，決定了對付基督，而不先謙卑下來，聆聽祂的話，認真考慮祂有力的宣告……

我們閱讀福音書時，清楚看到耶穌不是好像邪惡力量無助的受害人那樣死，祂也不是因為不能改變的法令而死，而是因為祂自由地順從天父的計劃。祂來世上是為了實行天父的旨意……

在這裏，在羅馬法律體系的日常事件中，發生了人類歷史的關鍵事件。男男女女在自己空虛的生命中前行時，神在救贖的行動中介入。

貝格 (Alistair Begg)

我是

馬太福音二十六章63節

耶穌卻不言語。大祭司對他說：「我指著永生神叫你起誓告訴我們，你是神的兒子基督不是？」

以賽亞曾經預言：「他……像羊在剪毛的人手下無聲，他也是這樣不開口」(賽五十三7)。很明顯，我們的主知道，針對祂的見證是那麼不全，那麼薄弱，根本不需要回答。祂沒有嘗試為自己辯護，或者回答證人的謊言，而只是保持沉默。大祭司對耶穌的沉默感到驚訝，所以做了一些絕對不合法的事情。他要求耶穌起誓，作證針對自己。馬太說大祭司要耶穌起誓。他對耶穌說：「我指著永生神的名命令你」(太二十六63下，《現代中文譯本修訂版》)。這是非常嚴肅的誓言。耶穌的回應是打破沉默，回答大祭司這個問題：「你是那當稱頌者的兒子基督不是？」祭司問的實際上是：「你是舊約預期會來的那一位，彌賽亞，應許的那一位嗎？你是神的兒子嗎？」這是一個直截了當、十分清楚的問題，大祭司要耶穌起誓回答。耶穌十分簡單地回應：「我是。」

斯特德曼 (Ray C. Stedman)

清楚明白的宣稱

馬可福音十四章61至62節
大祭司又問他說：「你是那當稱頌者的兒子基督不是？」
耶穌說：「我是。你們必看見人子坐在那權能者的右邊，
駕著天上的雲降臨。」

最初，耶穌不回答，於是大祭司要祂起誓。在誓言下，耶穌必須回答（我很高興祂這樣做）。祂對「你是那當稱頌者的兒子基督不是？」這個問題的回應是：「我是。」

分析基督的見證顯示，祂宣稱自己(1)是那可稱頌者（神）的兒子；(2)是會坐在那權能者右邊的那一位；以及(3)是會駕著天上的雲降臨的人子。每一個斷言都明顯是彌賽亞式的。三者累積起來的影響是重大的。公會這個猶太法庭明白這三點。大祭司的回應是撕裂自己的衣服，並且說：「我們何必再用見證人呢？」他們終於親耳聽到祂說。祂因自己的話而被定罪……

因此，這明顯是耶穌想為自己作的見證。我們也看到猶太人理解祂的宣告是表示祂自己是神。

麥道衛（Josh McDowell）

坐在那權能者的右邊

馬可福音十四章61至62節
大祭司又問他說：「你是那當稱頌者的兒子基督不是？」
耶穌說：「我是。你們必看見人子坐在那權能者的右邊，
駕著天上的雲降臨。」

經歷過各樣危險，蒙神以簡單的點頭拯救；經過被救主平靜的海；經歷過救主為百姓預備堅實的道路的人；怎能夠懷疑神的同在和幫助？我相信發覺這些奇迹在神的命令下實行和完成，是信仰的根基和信心的基礎。因此，即使在考驗中，我們也沒有理由放棄我們的信仰。我們在神裏面有不可動搖的盼望。當這信心的習慣牢牢地植根於靈魂中，神自己便會棲居在我們最深的思想中。沒有甚麼能夠勝過祂的能力。因此，有祂棲居的靈魂不會被周圍的危險勝過。我們在神自己的勝利中看到這真理。祂嘗試祝福人類時，被心懷惡意、不敬虔的人嚴重侮辱。不過，祂經過自己的苦難，沒有受到傷害，大大勝過罪，並有永遠得勝的冠冕。所以，祂實現了自己神佑的目的，愛公義的人，消滅不義的人的殘忍。

優西比烏 (Eusebius)

強而有力的沉默

馬可福音十四章61至62節
「你是那當稱頌者的兒子基督不是？」……「我是。」

在自己生命緊迫的最後幾小時，耶穌沒有做任何事或說任何話，是可以被視為退縮或淡化祂令人驚訝地自稱為君王和神。雖然祂沒有否定祂是君王這個宣稱，但祂趕緊表明，祂的國度不屬於這個世界，而是一個靈性的國度（約十八36）。祂也沒有否認祂是「基督，那當稱頌者的兒子」（可十四61），而是安靜地接受這個稱號。面對這樣的話，我們很難明白懷著敵意的批評者怎能夠提出祂從未自稱為神。祂的言行總是和這個宣稱完全一致。

孫德生（J. Oswald Sanders）

一致的判決

馬可福音十四章63至65節

大祭司就撕開衣服，說：「我們何必再用見證人呢？你們已經聽見他這僭妄的話了。你們的意見如何？」他們都定他該死的罪。就有人吐唾沫在他臉上，又蒙著他的臉，用拳頭打他，對他說：「你說預言吧！」

我們有點難以明白神，神本身怎樣基於祂自己的承認和直率的宣告，忍受殘酷、冷酷的人控告。在這可怕的一天，地上變黑，天上收起光輝，不向那些絕對是兇手的人照耀。

公會的判決是一致的。

祂犯了死罪。

祂被判死刑。

他們佔了上風。

案件已經審結。

為了慶祝，他們決定縱情於可怕的折磨這駭人的遊戲。這些人本來應該維護百姓的利益，但現在卻要無辜的人受到可怕的虐待⋯⋯

那些粗暴的人將主雙眼蒙起⋯⋯他們用拳頭打祂疲倦的身軀。他們吐唾沫在祂面上，直到他們有臭味的唾沫從祂發紅的面頰流下來。他們嘲笑祂，挑戰祂預言最後大力打祂的是誰。他們鞭打和猛擊祂的臉，直到祂的臉發紫，因鞭痕而紅腫。

腓力浦．凱勒(W. Phillip Keller)

出賣無辜者

馬太福音二十七章4節
「我賣了無辜之人的血是有罪了。」他們說：「那與我們有甚麼相干？你自己承當吧！」

每卷福音書都提到猶大存在。他的背叛給作者深刻的印象。和猶大一起捉拿耶穌的人，包括一羣官員、來自聖殿的守衛或利未的警衛、法利賽人、文士、僕人、祭司長、聖殿的領袖和長老。他們有足夠的照明裝置，因為雖然逾越節總是在滿月時舉行，但在晚上的這個時候，月亮差不多要下山，客西馬尼園所在的汲崙谷會被旁邊的山的陰影遮蓋，變得漆黑一片。對過去改變主意的人，正準備改變一切；事後感到關注的人，可能只是對自己所作所為的後果產生了自私的恐懼。考慮到關於猶大的行為所作的預言(太二十六24)，他有充分的理由害怕那個後果。雖然他見證耶穌的無辜，卻沒有表達他對耶穌的愛。法利賽人沒有好像猶大那樣，想將已經做了的事情扭轉過來。

麥加維和彭德爾頓
(J. W. McGarvey and Philip Y. Pendleton)

被帶到彼拉多那裏

馬可福音十五章1節
一到早晨，祭司長和長老、文士、全公會的人大家商議，就把耶穌捆綁，解去交給彼拉多。

福音敘事的一個要點是，基督在猶太巡撫本丟彼拉多面前被定罪，藉以教導我們，我們可能要承受的懲罰被加諸那公義的一位身上。我們不能逃避神可怕的審判；基督為了拯救我們脱離審判，甘願被平凡，不，邪惡和褻瀆神的人定罪。經文提到這個巡撫的名字，不單要支持敘事的可信性，也要提醒我們以賽亞説過的話：「因他受的刑罰，我們得平安；因他受的鞭傷，我們得醫治。」(賽五十三5)因為為了除去我們的定罪，忍受任何一種死亡是不足夠的。要付足我們的贖價，需要選擇一種死亡方式，是祂可以既讓自己被定罪，又承受我們的過錯，從而解救我們。如果祂被行刺者刺死，或者在騷亂中被殺，這樣的死並不能帶來滿足。但當祂被當為罪犯放在審判席上，有證人作證指控祂，法官的口判祂死刑時，我們看到祂承受了罪犯和有惡行的人的品格。

加爾文 (John Calvin)

受到可恥的對待

馬可福音十五章3、5節(編按：原文只引3節)
祭司長告他許多的事……耶穌仍不回答。

基督給彼拉多一個直接的回答，但卻不回答見證人的話，因為人們知道他們指控的事情是假的，即使彼拉多自己也這樣確信。彼拉多想到，他可以向百姓發出呼籲，令他們從祭司手中釋放耶穌。但祭司愈來愈極力鼓動他們，他們高呼：釘祂十字架！釘祂十字架！讓我們以人和事物的優點，以神話語的標準，而不是平常的報告，判斷他們。沒有人好像那在地上出現的惟一完全聰明、聖潔和卓越的一位那樣受到可恥的對待。這思想令認真的頭腦對人的邪惡和他們對神的敵意有強烈的觀點。讓我們愈來愈討厭那邪惡的傾向。這傾向標誌著這些控訴者的行為。

亨利(Matthew Henry)

彼拉多的關注

約翰福音十八章37節

彼拉多就對他說：「這樣，你是王嗎？」耶穌回答說：「你說我是王。我為此而生，也為此來到世間，特為給真理作見證。凡屬真理的人就聽我的話。」

猶太領袖指控耶穌三宗罪。他們聲稱祂犯了誤導國民的罪，禁止人們繳交稅款，以及宣稱自己是君王（路二十三2）。這些肯定是政治指控，是羅馬巡撫可以處理的。彼拉多集中處理第三條控罪——耶穌宣稱自己是王，因為這肯定是對羅馬的威脅。如果彼拉多可以恰當地處置這個「革命分子」，便可以同時討好猶太人，又令皇帝留下深刻的印象。

彼拉多問：「你是猶太人的王嗎？」耶穌給他一個清楚的回答：「就好像你說那樣。」不過，接著耶穌問彼拉多一個關於他的問題的問題（約十八34～37）。彼拉多想到的「君王」是羅馬意義上的君王嗎？如果是的話，耶穌便不是那種君王。耶穌向這個巡撫解釋說，祂的國度不屬於這個世界，祂沒有軍隊，祂的追隨者也不戰鬥。相反，祂的國度是由真理統治。

這段談話令彼拉多確信耶穌不是危險的革命分子。彼拉多的決定是：「我查不出他有甚麼罪來。」

威爾斯比（Warren W. Wiersbe）

在希律面前受審

路加福音二十三章8至9節

希律看見耶穌，就很歡喜；因為聽見過他的事，久已想要見他，並且指望看他行一件神蹟，於是問他許多的話，耶穌卻一言不答。

在被耶穌稱為「狐狸」(路十三32)的希律面前，耶穌同樣傲慢地沉默。放縱的王歡迎耶穌到來帶來的消遣。他經常聽到人們說耶穌行了一些神蹟，早已渴望一見這個人。希律「問他許多的話，**耶穌卻一言不答**。」(路二十三9)希律的多言，「許多的話」，換來的只是平靜和令人印象深刻的沉默，令王和高聲指控祂的大祭司和文士都倉惶失措。

耶穌曾經勸門徒不要將真理的珍珠浪費在不懂得欣賞的人身上(太七6)，祂正是實行自己的戒律。希律只是尋找娛樂，耶穌拒絕滿足他庸俗的欲望。面對確定的死亡時的這種沉默，是耶穌內在堅忍的標記。

孫德生(J. Oswald Sanders)

不屬於這個世界的國度

約翰福音十八章36節
耶穌回答說：「我的國不屬這世界；我的國若屬這世界，
我的臣僕必要爭戰，使我不至於被交給猶太人。
只是我的國不屬這世界。」

根據耶穌的國度的性質，它並不是由軍事能力或權力取得。它的統治既不涉及地域，也與政治無關。如果歷史證明了甚麼，那就是靠刀劍或威力傳播福音，除了歪曲福音信息，為福音帶來壞名聲外，甚麼也做不到。

可以肯定的是，耶穌在這裏談及的不是和平主義或戰爭。祂將自己的國度成長的方式，和地上國家建立控制的方式，作出確定的區分。祂向懷有政治動機的迫害者提出重要的一點。祂的王權不能，也不會以武力或威嚇建立。單單這個事實已經給彼拉多足夠的理由，看穿正在發生的事情的表面。站在證人台上的，實際上是這個世界的列國，進行審判的是神。彼拉多應該立即知道，站在他面前的不是該撒。站在他面前的人有一種十分不同的權威。

撒加利亞 (Ravi Zacharias)

真理是甚麼？

約翰福音十八章38節
彼拉多說：「真理是甚麼呢？」說了這話，又出來到猶太人那裏，對他們說：「我查不出他有甚麼罪來。」

「真理是甚麼？」當時的智者對真理有很多不同意見；有些人甚至假定，真理是人完全不能理解的。彼拉多可能以嘲弄的口吻提出這個問題；他沒有停下來等待回答，顯示他要不是對得到令人滿意的回答不存希望，就是對那答案漠不關心。這是數以千計的人的情況：他們似乎渴望認識真理，但卻沒有耐性以正確的方式等待回答。

問了上述問題，並確定我們的主無辜後，彼拉多出去向猶太人見證他的確信，如果可能的話，他也會從他們手中將主釋放。

葛拉克 (Adam Clarke)

所有或無有

馬可福音十四章61至62節

耶穌卻不言語，一句也不回答。大祭司又問他說：「你是那當稱頌者的兒子基督不是？」耶穌說：「我是。你們必看見人子坐在那權能者的右邊，駕著天上的雲降臨。」

一旦面對祂是神這個不穩定的建議，我便陷入困境，所有退路都封閉了，不能回到認為耶穌是偉大的道德教師這個中間立場。如果祂不是神，祂便甚麼也不是，更絕對不是偉大的道德教師。因為祂教導的包括祂實在是神這個主張。如果祂不是神，這一句話已經足以成為歷代最大的謊言——立即令祂喪失任何可能有的道德地位。

我發覺，我不能將祂放在較低的平台，因為那是比較容易做的，而且對我的理智來說較少麻煩，對我的信心也較少要求，對我的生命亦較少挑戰。那會是以我的思想取代祂的思想，利用基督教來幫助支持我**自己**的觀念，並在它不能這樣做時忽略它……

耶穌說，要不是全部接受，便完全不要接受。如果我要相信神，便要按祂啟示自己的方式，而不是按我希望祂怎樣來接受祂。

寇爾森 (Charles W. Colson)

尊貴的沉默

馬太福音二十七章14節

耶穌仍不回答，連一句話也不說，以致巡撫甚覺希奇。

被假見證指控和攻擊的人，拒絕保護自己，確實令人驚奇，即使是普通人也會有這種感覺。祂能夠自辯，顯示自己沒有犯人們指控祂的任何罪行。祂可以列出自己的生命和祂藉著神的能力所行的奇迹，藉以讓法官對祂作出更正直的判決。但祂以祂本性的尊貴，譴責指控祂的人。如果耶穌提出自辯，法官會毫不猶疑地釋放祂。這從他「你們要我釋放哪一個給你們？是巴拉巴呢？是稱為基督的耶穌呢？」這句話，以及聖經補充說「巡撫原知道他們是因為嫉妒才把他解了來」可以看到。不過，耶穌不斷受到假見證人攻擊。而當邪惡仍然在世上時，祂一再受到指控。即使是現在，祂面對這些事情時仍然保持沉默，沒有發出聽得到的回答。相反，祂以自己的真門徒的生命作為祂的辯護。他們是了不起的見證人，比所有假見證人都高超，反駁和推翻所有毫無根據的指控和控罪。

俄利根(Origen)

毋須辯護

馬太福音二十七章14節

耶穌仍不回答，連一句話也不說，以致巡撫甚覺希奇。

彼拉多因為耶穌沒有發言自辯而生氣。他已看夠我們主的智慧，肯定要祂揭露那些控罪惡意的空洞，會是輕而易舉的事。彼拉多自己也知道那些控罪是假的，但由於他是審判官，他不能為我們的主發言，所以他對那些控罪只能夠保持沉默。我們主的沉默是先知早已預言了的(賽五十三7)。耶穌保持沉默，因為如果祂成功地自辯，便會破壞祂來世界要達到的目的。

麥加維和彭德爾頓

(J. W. McGarvey and Philip Y. Pendleton)

很多人提出指控，卻沒有人給予辯護

馬可福音十五章5節
耶穌仍不回答，以致彼拉多覺得希奇。

整個公會在這特別的場合都聚集起來；結果是將耶穌綁起來，送到羅馬巡撫那裏，由他將耶穌當為煽動叛亂的人，當為該撤的敵人來處死。他們提出很多控罪，而且都是十分嚴重的。彼拉多認為需要讓耶穌自辯。但耶穌沒有回答——祂繼續保持沉默，不為自己辯護，雖然巡撫樂意給祂這樣的機會。祂那麼有能力自辯，而且又是無辜的，祂的沉默究竟有甚麼意義？祂被指控的罪名是最嚴重的，而且指控祂的是國家中最重要的人物；因此祂的沉默令自己面對很大危險。

吉爾 (John Gill)

我沒有查出祂甚麼罪來

路加福音二十三章14節

「你們解這人到我這裏，說他是誘惑百姓的。看哪，我也曾將你們告他的事，在你們面前審問他，並沒有查出他甚麼罪來。」

彼拉多十分明白武裝分子和我們主的追隨者之間的分別。但猶太人沒有因為彼拉多宣佈耶穌無罪，想到自己會否將流無辜的血這罪帶到自己身上而軟化，反倒變得更憤怒。主將自己的設計帶到榮耀的結局，甚至是藉著那些依從自己心裏計謀的人這樣做。人的恐懼將很多人帶到這個網羅中，以致他們會違背自己的良心，做不公義的事情，而不是惹麻煩。彼拉多宣佈耶穌無罪，有心釋放祂；不過，為了討好百姓，他會將耶穌當為做了邪惡的事的人那樣懲罰祂。如果找不到祂有甚麼錯，為甚麼懲罰祂？彼拉多作出很大的讓步；他沒有勇氣對抗這麼強的潮流。他順從他們的意思，將耶穌交給他們釘十字架。

亨利 (Matthew Henry)

洗手表明與耶穌受刑無關

馬太福音二十七章24節

彼拉多見說也無濟於事，反要生亂，就拿水在眾人面前洗手，說：「流這義人的血，罪不在我，你們承當吧。」

在這個受難節的故事中，世上最好的事物處於最壞的時刻。這真正讓我們看到世界最壞的景況……在這事件那電光火石的一刻，我們看到偉大的羅馬，皇家的共和國，在它的盧克萊修(Lucretian)厄運下走下坡。懷疑主義甚至侵蝕了世上征服者的理智。被任命說出甚麼才是公義的人只能夠問：「真理是甚麼？」因此，在決定古代整個命運的戲劇中，其中一個主要人物似乎是在將自己真正的角色逆轉中被固定下來。羅馬幾乎是責任的另一個名稱。但他永遠作為不負責任的一種搖擺不定的雕像那樣站著。人不能夠做甚麼。甚至實際的都變得不能實行。一個羅馬人站在自己審判席的支柱中間，洗手表示自己與世界無關。

切斯特頓(G. K. Chesterton)

彼拉多將耶穌交給他們

約翰福音十九章16節
於是彼拉多將耶穌交給他們去釘十字架。

彼拉多終於將耶穌交給他們釘十字架。

在很多方面，彼拉多都是一個最可憐的人物，因為他活在對各方的恐懼之中。他害怕該撒，恐怕自己顯示自己沒有處理對羅馬構成威脅的人物。他害怕自己所做的事的含義，因為他的妻子警告過他，她夢見耶穌，他不應該參與懲罰這個無辜的人。他害怕耶穌，因為他不大知道自己正在應付的是甚麼人。

彼拉多可能是政治表示甚麼的一個典型例子。他知道甚麼是正確的，但卻屈從於自己地位的誘惑。在生命中對動機最嚴厲的考驗中，我們每個人裏面都有一個從政的人。彼拉多不知道自己在扮演甚麼角色，但祭司長卻引述聖經支持自己的行為，證明自己十惡不赦的勾當是正當的。神的目的，政治的操縱，和宗教的狂熱，在救贖的計劃中相遇。

撒加利亞 (Ravi Zacharias)

基督，我們的代求者

以賽亞書五十三章12節
所以，我要使他與位大的同分，與強盛的均分擄物。
因為他將命傾倒，以致於死；他也被列在罪犯之中。
他卻擔當多人的罪，又為罪犯代求。

我們讀到基督被人從審判席帶去處死，在兩個強盜之間被釘十字架時，知道先知的預言應驗了。這個預言由福音書的作者引述：「他也被列在罪犯之中」(賽五十三12；可十五28)。我們讀到祂被判祂有罪的口證明無罪(因為彼拉多被迫再次公開見證祂無罪)時，記起另一位先知所說的話：「我沒有搶奪的，要叫我償還。」(詩六十九4) 這樣，我們視耶穌為代表罪人和罪犯的人物；但同時祂的無辜卻又照耀著，清楚顯明祂是為了別人而不是自己的罪而受苦。

加爾文 (John Calvin)

彼得不認耶穌

他們拿住耶穌，把他帶到大祭司的宅裏。

彼得遠遠地跟著。

路加福音二十二章54節

彼得不認耶穌

首先是黑夜裏在客西馬尼園中的突襲，被看不見的樹枝鞭打和劃傷，被恐懼緊緊追趕。然後是在城中那些暴徒令人透不過氣的陰影，以及在大祭司住所周圍那可恥的祕密移動，直到約翰那熟悉的臉孔透過大閘看到祂和彼得。和平常一樣，彼得沒有任何計劃。他完全是按著衝動行事。但打開讓他進入的大閘卻給他一個陷阱。

好奇的眼神和沒有說出來的問題，威脅著要將彼得的匿名打破。接著一個女孩認出彼得是耶穌的同伴，揭穿了這個笨拙的漁夫。被揭穿帶來的震驚，觸發彼得衝動的傾向。他說謊。再次說謊。然後懷著某種態度說謊。當那應受咒詛的否認從他口中說出時，一隻公雞啼叫起來，反駁他的宣稱。

你思想以下對彼得否認主的評論時，考慮一下你在開始新一天時，有多經常是背負著前一天選得不好的話和行動的重量。

服從的意志

馬太福音二十六章33節
彼得說：「眾人雖然為你的緣故跌倒，我卻永不跌倒。」

那些想服從神但不能的人，已經擁有好的意志，雖然那是微小和軟弱的。但當他們得到強壯和有力的意志時，便能夠服從。殉道者服從那些大誡命時，是根據大意志行動——也就是根據大愛行動。主談及這種大愛時說：「人為朋友捨命，人的愛心沒有比這個大的。」……使徒彼得害怕地否認主三次時，並沒有這種愛……雖然彼得的愛微小和不完全，但他向主說：「我會為你捨命」時，那愛仍然存在。彼得相信，靠著自己，他能夠做他感到自己願意做的事情……不過，神在我們裏面動工，讓我們有服從的意志。一旦我們有這意志，神便和我們同工，使我們完全。使徒保羅說：「我深信那在你們心裏動了善工的，必成全這工，直到耶穌基督的日子。」

奧古斯丁 (Augustine)

保持你的距離

路加福音二十二章54節
彼得遠遠地跟著。

那是以鬼鬼祟祟開始。他在耶穌成了囚犯時跟隨著祂。這很好，顯示他關心自己的主。但他遠遠地跟著，讓自己脫離危險。他以為將事情調整一下，跟從基督，能夠滿足自己的良心；但卻是遠遠地跟從，以保住自己的聲譽，又可以安然無恙。他保持距離，在應該在自己的主身旁時，卻將自己和大祭司的僕人聯繫起來。他的跌倒本身是否認他認識基督，和基督有甚麼關係，是否認基督；因為他自己現在處於困境和危險之中。

亨利 (Matthew Henry)

樂意被認出

馬太福音二十六章58節
彼得遠遠地跟著耶穌，直到大祭司的院子，進到裏面，
就和差役同坐，要看這事到底怎樣。

但彼得遠遠地跟著，來到這裏，看著以下這個他否認耶穌的故事。他和其餘的人一樣，在耶穌被捉拿時離棄祂，這裏說他跟著耶穌和他離棄耶穌很容易調和，這種跟隨並不比離棄好；因為他跟隨耶穌，但卻是遠遠地。他胸中對自己的主有零星的愛和關心，因此他跟著耶穌；但主導的是恐懼和對自己安全的關注，所以他遠遠地跟著。那些願意作基督門徒的人，不願意這樣被人認識時，看起來有害，並預示更差的事情。這裏開始了彼得對耶穌的否認；因為遠遠地跟著祂，是一點一點地從祂那裏後退。而退縮是危險的。

亨利 (Matthew Henry)

不委身

約翰福音十八章25至26節

西門彼得正站著烤火，有人對他說：「你不也是他的門徒嗎？」彼得不承認，說：「我不是。」有大祭司的一個僕人，是彼得削掉耳朵那人的親屬，說：「我不是看見你同他在園子裏嗎？」

耶穌被帶走時，熱烈和憤怒的人奇妙地被懶散佔據！發生了這樣的事後，他沒有移動，繼續在取暖，你可以學懂，如果神放棄我們，我們的本性是多麼軟弱。在別人問他時，彼得再次否認。

那個花園沒有令他記起發生了甚麼事，耶穌在那裏以那些話表現出來的大愛也不能，他由於焦慮的壓力，將這一切都從心中驅走。但為甚麼所有福音書的作者都一致提到他？並不是要指控這個門徒，而是渴望教導我們，不全然委身於神，反倒信任自己，是多麼大的邪惡。但你是否欣賞彼得的主那溫柔的關心？祂雖然成了囚犯，被捆綁，但對自己的門徒卻有很大的先見，在彼得低沉時，祂以自己的目光將他提升，使他投進眼淚之海中。

屈梭多模(Chrysostom)

三次

約翰福音十八章27節
彼得又不承認。

首先，聖殿的管理者自己不理會祂強而有力的提醒：真正的宗教關乎內心。他們將紙上的法律從印在心裏的法律中撕出來，利用那法律殺死祂，將聖愛(*Agape*)釘十字架。

幾天後，在祂最需要門徒時，他們卻不能警醒，關心祂。他們留下祂孤獨一人——沒有親屬之愛(*storge*)。接著，猶大竟然膽敢以親吻出賣耶穌。他用象徵友誼的記號來出賣自己的愛，友愛(*phileo*)被變為尋常。

最後是彼得，他在受到挑戰時，否認自己認識耶穌。這個人曾經自誇説，別人可能出賣耶穌，但他不會這樣做。他的否認發生了三次。耶穌為他付出那麼多，但那刻他明顯缺乏所要求的那三種愛⋯⋯

在所有踉蹌跌倒的門徒中，彼得站在最前面。但耶穌正是向他發出牧養的呼召：「餵養我的羊。」

撒加利亞(Ravi Zacharias)

勇敢還是蠻幹

馬可福音十四章70節

彼得又不承認。過了不多的時候，旁邊站著的人又對彼得說：「你真是他們一黨的！因為你是加利利人。」

我們都熟悉彼得的蠻幹怎樣令他起誓表示自己永遠都不會不認主。在客西馬尼園，是彼得拿起刀嘗試保衛耶穌。但現在他顯示自己忠於基督的決心，將他帶到大祭司的庭院，他在那裏，和拘捕了耶穌、將祂帶到那裏的守衛一起在火邊取暖。那是勇敢的行為；他身處十分危險的景況。我認為是彼得心裏的自負將他帶到那裏。他決意不讓主失望，堅決要表明耶穌說他會否認祂是錯的。但現在他在耶穌的敵人中間，恐懼開始佔據他的心，那蠻幹漸漸失去——他的勇氣消失了。

斯特德曼(Ray C. Stedman)

看一眼

路加福音二十二章60至61節
正説話之間，雞就叫了。主轉過身來看彼得。

基督看著彼得，毫不懷疑彼得很快便會發覺；因為祂知道，雖然彼得以自己的口否認了祂，他的眼仍然會看著耶穌。雖然彼得現在犯了很嚴重的罪，但基督不會呼喚他，以免令他羞愧或揭露他；祂只看了彼得一眼，除了彼得外，沒有人明白其中的意思，而當中包含了很多含意。那是重要的一眼：代表將恩典傳遞到彼得心中，令他能夠悔改；如果沒有這一眼，雞啼不能夠令彼得悔改，沒有有效的恩典，外在方法也不能夠令彼得悔改。這一眼帶著能力，改變了彼得的心，喚醒他，令他恢復正常。

亨利 (Matthew Henry)

願祂看顧我們

路加福音二十二章61節
主轉過身來看彼得。

每當我冷漠的雙手下垂，
啊，讓我看到祢使人振作的皺眉，
感受祢那警告的眼神；
從滅亡的邊沿開始哭泣，
耶穌，拯救我，否則我會屈服，我會下沉，
啊，拯救我，否則我會死！

如果我魯莽地走近深坑，
在我完全跌倒前，
那強烈的信念發出！
以那憐憫的目光提醒我，
那仁慈、責備的一瞥，打碎
不忠的彼得的心。

在我裏面，祢至高的憐憫顯出，
令我好像下面的祢自己那樣，
在恩典中無可指責；
預備好，適合在這裏，
藉著完美的聖潔，
在祢榮耀的臉前出現。

查理．衛斯理(Charles Wesley)

悲痛的眼淚

路加福音二十二章61至62節
主轉過身來看彼得，彼得便想起主對他所說的話：「今日雞叫以先，你要三次不認我。」他就出去痛哭。

那是彼得歷史的轉捩點。基督曾經對他說：「你現在不能跟我去。」彼得仍然未適合跟從基督，因為他還未去到自己的盡頭；他不認識自己，因此他不能跟從基督。但當他到外面痛哭時，便發生了很大的改變。基督曾經對他說：「你回頭以後，要堅固你的弟兄。」在這裏，彼得從自己轉向基督。

我為了彼得的故事而感謝神。我不知道聖經裏有帶給我們更大安慰的人物。我們看彼得的性格時，發覺他充滿失敗，但基督藉著聖靈的能力將他改變成怎樣的人。我們每個人都是有希望的。但要謹記，在基督能夠以聖靈充滿彼得，令他成為新人前，他需要到外面痛哭；他需要謙卑下來。

慕安得烈 (Andrew Murray)

我們承認錯誤時

路加福音二十二章61節
主轉過身來看彼得。

我們好像彼得一樣，記得自己自誇的承諾：「眾人雖然為你的緣故跌倒，我卻永不跌倒。」我們連同悔罪的苦菜一起承認自己的錯誤。我們想到自己起誓說自己會怎樣，並想到自己曾經怎樣時，會流出很多悲痛的眼淚。主提醒我們，我們的罪及那些罪的嚴重性時，我們能夠仍然執拗和頑固嗎？主在公雞的啼叫後，流露出充滿哀傷、憐憫和愛的勸誡眼神。只要彼得仍然活著，他都不會忘記那眼神。它比一萬篇講章有效得多。這位悔改的使徒記起救主的完全赦免，將他挽回到以前的地位時，肯定會哭泣。想到我們冒犯了一位這麼仁慈和良善的主，已經不單足以令我們不斷哭泣。主啊！擊打我們剛硬的心，令水湧流出來吧。

司布真 (Charles Haddon Spurgeon)

祂知道的事

路加福音二十二章61節
主轉過身來看彼得，彼得便想起主對他所説的話：
「今日雞叫以先，你要三次不認我。」

主轉身看他。這裏稱基督為主，因為其中出現了很多神的知識、能力和恩典。雖然基督現在背向彼得，正在受審(人們會想到，祂心中想著別的事情)，但祂知道彼得所説的一切。

基督比我們以為的更留意我們説的話和做的事。彼得否認基督時，基督沒有否認他，雖然祂可以公平地將他拋開，不再看他一眼，在天父面前否認他。基督沒有好像我們對待祂那樣對待我們，對我們是好的。

亨利 (Matthew Henry)

哭泣

路加福音二十二章62節
他就出去痛哭。

彼得否認基督，始於與祂保持距離。那些對敬虔畏縮的人，在否認基督的路上走得很遠。那些人認為和基督的門徒作伴，可能要為祂受苦，所以是危險的；那些人會發覺和祂的敵人作伴更危險，因為他們可能犯罪得罪祂。當人們欣賞基督，簇擁著祂時，彼得樂意地承認祂；但現在基督被離棄和鄙視，彼得不再和祂有連繫。不過，要留意，彼得很快便悔改。以為自己能夠站穩的人，要小心不要跌倒；已經跌倒的人，要思想這些事，思想自己的錯，以痛哭和請求回到主那裏，尋求赦免，被聖靈扶起。

亨利 (Matthew Henry)

耶穌受折磨和嘲笑

兵丁把耶穌帶進衙門院裏，叫齊了全營的兵。他們給他穿上紫袍，又用荊棘編做冠冕給他戴上。

馬可福音十五章16至17節

耶穌受折磨和嘲笑

在耶穌面前伸展，由彼拉多的法院到十字架之間的路，傳統稱為「苦路」——*Via Dolorosa*。那是過分輕描淡寫的描述。在十字架的痛苦遠未開始前，重重苦難已經從基督那裏取得可怕的代價。士兵鞭打和嘲笑祂，以荊棘作為冠冕戴在祂頭上。他們迫耶穌背十字架，然後又要求一個陌生人替祂背十字架，藉以侮辱祂。祂聽到婦女為祂哭泣，難過地知道，她們不知道自己會面對甚麼。人們以很多方式經歷到痛苦，而耶穌對這一切方式都很熟悉。

我們發覺耶穌最後的時刻的影像和聲音都令人反感。面對人們向別人施加的可怕行為，我們感到噁心。神屈從於由祂創造的造物施加的這種苦待令我們震驚。但當我們明白，神是為我們忍受這一切時，便來到危機的一刻。我們要不是接受我們的罪需要痛苦的解決方法這個事實，便是決定輕視基督的十字架。在以下的十多頁，你會看到神為了愛你而走了多麼遠。

你會戴甚麼冠冕？

馬太福音二十七章28至29節

他們給他脫了衣服，穿上一件朱紅色袍子，用荊棘編做冠冕，戴在他頭上，拿一根葦子放在他右手裏，跪在他面前，戲弄他，說：「恭喜，猶太人的王啊！」

基督耶穌代表人類……接受的是怎樣的花冠？是用荊棘和蒴造成的——象徵我們的罪，由肉體的泥土產生。不過，十字架的能力除去這些荊棘，將死亡每一條插入主那堅忍的頭中的刺拔出。對，甚至超越這象徵，鄙視、羞辱、恥辱和極度殘忍損毀與割傷主的鬢角。這樣是為了讓你現在可以戴上用月桂、香桃木、橄欖和任何著名樹枝——以及玫瑰——和兩種百合、各種紫羅蘭、可能還有寶石和黃金編成的冠冕，這冠冕甚至比得上基督後來得到的冠冕……天父首先令祂暫時比天使微小一點，然後給祂榮耀和尊貴為冠冕。如果你的頭因為這些事物而欠了祂，如果你能夠的話，回報祂吧。祂為了你的冠冕，獻出自己的冠冕。否則，不要戴上鮮花製成的冠冕。如果你不能戴上荊棘冠冕，你可能永遠都不能戴上鮮花的冠冕。

特土良 (Tertullian)

聖主頭額今受傷

馬可福音十五章17節

他們給他穿上紫袍，又用荊棘編做冠冕給他戴上。

神聖的頭，如今受傷，
受哀傷和羞恥重壓，
現在受輕蔑地被
荊棘——祢惟一的冠冕圍繞：
啊，神聖的頭，甚麼榮耀，甚麼極樂，從此都屬於祢；
不過，雖然受到鄙視和披血，我樂意稱祢為屬我的。

我的主，祢所忍受的
令所有罪人得益；
那過犯是我，是我的，
但那極大痛苦卻是祢的。
看啊，我的救主，我在這裏跌倒！我才應該在祢的位置；
以祢的恩寵看著我，將祢的恩典賜給我。

我可以借用甚麼語言感謝祢，
最親愛的朋友，
為了祢這死的哀傷，祢無盡的憐憫？
啊，讓我永遠屬祢；如果我衰殘，
主啊，讓我永不、永不活著而不愛祢。

伯爾納 (Bernard of Clairvaux)

誰的荊棘？

馬可福音十五章17節
他們給他穿上紫袍，又用荊棘編做冠冕給他戴上。

我們向鄰舍所做的每一件好事都記載在福音中，而福音寫在天上的刻寫板上，由配知道事情的一切人閱讀。但另一方面，福音也有一部分譴責那些向耶穌做同樣邪惡事情的人。福音包括猶大的背叛；邪惡羣眾的呼叫：「除掉這個人。」「釘他十字架，釘他十字架。」以荊棘戴在祂頭上作為冠冕的人對祂的嘲笑；以及一切這類事情。還有人以荊棘作為冠冕戴在耶穌頭上，侮辱祂，就是那些被生命的煩惱、財富和快樂充塞的人。雖然他們接受了神的道，但卻沒有實行出來。因此，我們必須小心，避免以我們自己的荊棘作為冠冕戴在耶穌頭上。

俄利根 (Origen)

在被侮辱時忍耐

馬可福音十五章19節

又拿一根葦子打他的頭，吐唾沫在他臉上，屈膝拜他。

當一艘船有下沉的危險時，水手不知道自己拋了甚麼到船外——自己拋了自己還是別人的財物。他們不分辨甚麼貴重，甚麼不貴重，將船上的所有物品一概拋到海上。但當風暴停止時，他們便會想到自己拋掉了甚麼，並流出淚來。他們沒有察覺到，因為他們拋掉那些東西帶來的損失，令他們得到平靜。當人們充滿激情，風暴興起時，情況也是這樣。人們拋出他們的話，不知道怎樣是有秩序和合適。但當激情過後，他們記得自己說過甚麼……你受到侮辱時，讓這給你安慰吧。你受到侮辱嗎？神也受到侮辱。你受到言語攻擊嗎？神也受到言語攻擊。你受到鄙視嗎？為甚麼，我們的主也是這樣。祂和我們分有這些事情，但卻沒有分有那些不利的事情。因為祂從沒有不公平地侮辱別人：但願神不讓這些事情發生！祂從不以言語侮辱任何人，從不做錯事……因為忍受侮辱是神的本份。侮辱人則是魔鬼的本份。

屈梭多模 (Chrysostom)

祂的溫柔

馬太福音二十七章30節
又吐唾沫在他臉上，拿葦子打他的頭。

我的考驗只是基督忍受的吐沫和毆打的小一部分。我們為祂，並在祂幫助下面對這些危險。即使加在一起，這些危險也不值得那奪去我們征服者冠冕的荊棘冠冕。不過，為了祂，我以艱苦的生命為冠冕。我甚至不認為這些考驗配得⋯⋯那苦膽或醋。但靠著它們，我們從生命的苦味中得醫治。我的掙扎不配得到祂在受苦中顯出的溫柔。祂不是被人以親吻出賣嗎？祂以親吻糾正我們，但沒有擊打我們。祂不是突然被捕嗎？祂肯定責備他們，但卻願意跟從他們。如果你因為熱誠而以刀割去馬勒古的耳朵，祂會感到憤怒並醫治他。如果我們其中一人圍著一塊布逃跑，祂會維護那人。如果你要求所多瑪的火降臨到捉拿祂的人那裏，祂不會將火降下。如果祂看到一個盜賊，因為自己的罪而被掛在十字架上，祂會以自己的良善將那盜賊帶到樂園。讓所有愛人的人的行動都充滿愛，正如基督在受苦時那樣。神為我們死，沒有甚麼比為了最小的錯誤而拒絕饒恕我們的鄰舍更糟。

拿先素斯貴格利 (Gregory Nazianzen)

誰在控制一切？

路加福音二十三章26節
〔他們〕帶耶穌去……

我們對耶穌的需要最極端時，最能夠找到品格和聖潔。生命給我們考驗時，我們的需要最明顯！在極端中受考驗，是學習屬靈的倚靠。我們被撕裂的靈魂停在火刑柱上時，我們便可以界定自己的需要。它從極端中來到！想到讓別人控制我們的生命時，我們會畏縮。但我們在不再能夠控制自己的環境時，能夠最好地發展品格。在別人意志的腳下，或者忍受壓迫的環境的侮辱，這些身體的監禁能夠給靈魂翅膀。

我們需要記得，耶穌在被捆綁、鞭打和釘十字架時，最能夠流露出祂的真我。對隨便一個羅馬觀察者來說，祂不是得勝的人。當你被迫在自己的母親面前赤裸地死去，你會顯得好像是失敗者，在地上沒有人為你的品格作證。但耶穌是得勝的。雖然祂被人厭棄，飽受折磨，卻仍然與天父完全合一。

米勒 (Calvin Miller)

怎樣受苦

馬可福音十五章20節
帶他出去，要釘十字架。

如果有一天，我們從痛苦中得到安慰，從勞苦中得到休息，在患病後得到健康，在死後得到永恒的生命，為了短暫、凡人的痛楚而感痛苦是不對的……我們應該視這些事情為公義生命的考驗和練習。因為如果以前沒有勞苦和哀傷，我們怎能夠有耐性？沒有敵人的攻擊，怎能夠考驗我們的力量？……最後，如果邪惡的人的罪以前沒有出現過，我們又怎能夠看到公義？結果，我們的主和救主耶穌基督提醒我們怎樣受苦。祂被毆打時，耐心地承受。雖然祂受到人們以言語侮辱，卻沒有反駁。祂受苦時，沒有說出威嚇的話，而是讓別人擊打祂的背和臉。祂沒有轉開自己的臉，不讓別人吐唾沫，而是自願讓別人帶祂受死，以致我們可以看到祂裏面那公義的形像。藉著跟從這些榜樣，我們可以踐踏毒蛇、蠍子和敵人一切的力量。

亞他那修(Athanasius)

不平凡的一天

約翰福音十九章16節
於是彼拉多將耶穌交給他們……

那是耶路撒冷的市郊。這個城市比羅馬、倫敦或紐約更值得記念。這是大衛的居所，是王城，以色列君王的寶座。這個城市見證所羅門偉大的統治，聖殿也矗立在這裏。主耶穌在這裏教訓人和施行神蹟。只不過幾天前，祂騎著驢進入這個城市，羣眾高呼：「和散那歸於大衛的子孫！奉主名來的是應當稱頌的！高高在上和散那！」(太二十一9)——人性是多麼善變。以色列拒絕了他們的君王，因此祂被帶到城市的境界之外，讓祂「在城門外受苦」(來十三12)。釘十字架的實際地方是各各他，代表「髑髏的地方」。自然已經預示了那可怕的事情，因為那個地方的地形好像一個死人的頭骨。路加給這個地方「加略山」這個外邦名字(路二十三33)，因為那死亡的罪責同時落在猶太人和外邦人身上……

對士兵來說，那是平凡的事件，只是將一個罪犯處死；對大部分聽到福音的人來說，那也是平凡的事件。在他們耳中，那只是宗教上的尋常事件。對羅馬士兵來說，至少有一段時間，基督似乎只是一個垂死的猶太人；對今天眾多的人來說也是這樣。

賓克(Arthur W. Pink)

往十字架的路

約翰福音十九章17節
耶穌背著自己的十字架出來，到了一個地方，名叫「髑髏地」，希伯來話叫各各他。

世上最聲名狼藉的路是*Via Dolorosa*，「苦路」。根據傳統，那是耶穌由彼拉多的大廳到加略山所走的路……那裏一共有十四個站，每一個站都令人想起基督最後旅程中的事件。

那條路線準確嗎？很可能並不準確。耶路撒冷在公元七十年和公元一三五年被毀滅時，城中的街道也被破壞。因此，沒有人知道基督在那個受難節所走的實際路線。

但我們確實知道那路線從哪裏開始。

那條路不是從彼拉多的法庭開始，而是始於天上的大堂。天父離開自己的家，找尋我們時，開始了祂的旅程。祂只配備了要贏得你的心的熱情，便來尋找你。祂只有一個渴望——帶祂的兒女回家。聖經有一個詞語形容這種追尋：**和好**……

和好觸摸任性的人的肩膀，努力說服他回家。

往十字架的路具體告訴我們，神會走多遠來呼喚我們回家。

路卡杜 (Max Lucado)

古舊十架

約翰福音十九章17節
耶穌背著自己的十字架出來，到了一個地方，名叫「髑髏地」，希伯來話叫各各他。

在遙遠的山上，豎立著古舊十架，
那是受苦和羞辱的記號；
我愛那古舊十架，在那裏為了世上失喪的罪人
最親愛和最好的那一位被殺。

啊，那古舊十架，那麼被世人厭棄，
對我卻有無比吸引力；
因為神親愛的羔羊，離開天上的榮耀
背負它走到黑暗的加略山。

那古舊的十架，染滿神聖的血，
在其中我看到奇妙的美，
因為在那古舊十架，耶穌受苦受死，
藉以赦免和潔淨我……

所以我會珍惜那古舊十架，
直到我終於放下我的獎杯；
我會緊靠著那古舊十架，
有天用它來換取冠冕。

班納德（George Bennard）

那木造的橫樑

馬可福音十五章21節
有一個古利奈人西門，就是亞力山大和魯孚的父親，從鄉下來，經過那地方，他們就勉強他同去，好背著耶穌的十字架。

對西門來說，那只是一塊大木頭。他很強壯，而羅馬人又有刀。他會背起那塊木頭。

對我們來說，那是十字架，有很豐富的象徵意義，西門這個人幫助的是世界的救主。誰不會做這麼多？如果我們在那裏，我們會樂意上前幫助耶穌。

我們背負十字架，不是因為我們喜歡痛楚，而是因為耶穌愛我們。那是基督徒向每一個人說：「我已經與基督同死，這位救主在我心裏佔第一位，我會以祂為主事奉祂」的方式。

今天，十字架有不同形狀。基督徒在為基督蒙受損失時必須背負十字架，無論我們是忍受可怕的疾病，失去朋友或工作，在單身時保持貞潔，還是做無數其他事情。讓我們勇敢地背負十字架。

靈修版聖經註釋——馬可福音
(Life Application Bible Commentary — Mark)

你背負的十字架

路加福音二十三章26節

帶耶穌去的時候，有一個古利奈人西門，從鄉下來；他們就抓住他，把十字架擱在他身上，叫他背著跟隨耶穌。

我們從西門背負十字架中，看到歷代教會工作的圖畫。讓我們以一個思想安慰自己：我們的情況，正如西門一樣，我們背負的，不是我們的十字架，而是基督的十字架。而背負我們主耶穌的十字架是多麼喜悅的事情！

你背負十字架，跟著祂。你有蒙祝福的同伴；你的路途有你主的足印。在那沉重的擔子下面，有祂血紅肩膀的印記。這就是祂的十字架。祂走在你前頭，好像牧羊人走在羊羣前面一樣。每天背起你的十字架，並跟隨祂吧。而且要緊記，雖然西門只需要背負十字架一段很短的時間，但那也給他恆久的榮耀。雖然我們至多也只是背負十字架一段很短的時間，但我們也會得到那冠冕，那榮耀。我們肯定應該喜愛那十字架，不應該逃避它，而應該視它為十分寶貴，它為我們帶來「極重無比、永遠的榮耀」。

司布真 (Charles Haddon Spurgeon)

跟隨祂

路加福音二十三章27節
有許多百姓跟隨耶穌，內中有好些婦女；婦女們為他號咷痛哭。

看祂穿著借來的服裝，上面染有祂的血：
婦女哀傷地走在祂身旁。

那十架重重地壓著祂，那重量令人疲累：
有一個站在門外的人會幫助祂。

羣眾正在趕路，走過路上：
西門和祂分擔那重擔。

這和那受咒詛的木頭一起走的是誰——
這疲憊的囚犯——祂是誰？

跟著走到加略山，跟隨祂的腳蹤：
這是生命的主——神的兒子。

門羅和迪爾默夫人
(Edward Monro and Mrs. M. Dearmer)

艱難的日子

羅馬書五章3至4節

不但如此，就是在患難中也是歡歡喜喜的；因為知道患難生忍耐，忍耐生老練，老練生盼望。

往往在最艱苦的日子，我們的天父卻似乎奇怪地顯得十分沉默。我開始相信這是恩賜。神希望祂的百姓明白，祂的世界在多大的痛苦中。祂希望我們和周圍的苦難認同。

在我們習慣了事物大致按照我們的方式存在的環境中，這是十分難學懂的教訓。我們的期望十分高，我們也強烈感到自己理應得到一切，我們對別人和他們的困難卻通常都只有很低的容忍能力。

但神不需要頭腦精明的男女為祂的事業效力，祂需要的是努力和不以自己為有用的靈魂。祂不一定尋找漂亮的人，不是尋找有天份和受過教育的人作祂的僕人。祂需要的是知道成為破碎是怎樣的人。

痛苦和苦難可以教導驕傲的人謙卑和憐憫別人。另一方面，艱難的日子也可以令男人或女人變得充滿怨恨和忿忿不平。

保羅寫信給羅馬人說：「知道患難生忍耐，忍耐生老練，老練生盼望」(羅五3～4)。你沒有發現這是真的嗎？生命中一些最寶貴的洞見是在艱難的日子發現的。

大衞．梅因斯 (David Mains)

祂走在我們前面

馬可福音十五章24節
於是將他釘在十字架上。

主希望我們在受到迫害時歡喜，並歡喜得跳起來。迫害出現時，祂會賜下信心的冠冕；接著神的士兵受到考驗，然後天堂的門為殉道者而打開。因為我們被徵召參加戰爭，不是為了只想到和平，並從戰場中退縮。但在這迫害的戰爭中，主走在前頭。祂是謙卑、忍耐和受苦的教師。祂叫我們做的事，祂自己首先實行。祂催促我們忍受的事，祂自己先為我們忍受。親愛的，要留意只有祂背負天父所有的審判，祂自己也會來施行審判。祂已經宣告祂將來的審判和承認。祂已經預告和見證，祂會在祂的父面前承認那些承認祂的人，並會否認那些否認祂的人。如果我們可以逃過死亡，我們可能合理地害怕死亡。但由於血肉之軀必須死，我們應該擁抱那時機，以它為來自神的應許，會在結束時以永生給我們作賞賜。我們不應該害怕被殺，因為我們肯定，我們被殺時會得到冠冕。

居普良 (Cyprian)

唉！我的救主流了血嗎？

路加福音二十三章33節
到了一個地方，名叫「髑髏地」，就在那裏把耶穌
釘在十字架上。

唉！我的救主流了血嗎？我的君王死了嗎？
祂會為好像我這樣的罪人獻出自己聖潔的頭嗎？

甜蜜的耶穌，祢的身體被殺，祢——浴在它的血中——
憤怒的堅固標記是神聖的，祂的靈魂在痛苦中站立。

祂在木頭上呻吟，是為了我犯的罪嗎？
奇異的憐憫，不明的恩典，超越等級的愛！

太陽可以隱藏在黑暗中，將它的榮耀封鎖，
當基督，偉大的創造者，為祂自己造物的罪受死時。

祂親愛的十字架出現時，但願我隱藏我的紅臉；
在感恩中融化我的心，將我雙眼化為淚水。

但哀傷的眼淚永不能償還我虧欠的愛；
主啊，在這裏我獻出自己，這就是我能夠做的一切。

華滋 (Isaac Watts)

耶穌被釘十字架

到了一個地方，名叫「髑髏地」，就在那裏把耶穌釘在十字架上，又釘了兩個犯人：一個在左邊，一個在右邊。

路加福音二十三章33節

耶穌被釘十字架

十字架代表神的拯救計劃和人類歷史的交匯。它作為神的愛和委身的物質陳述。那些木頭承托著有罪的種族和恩慈的神的碰撞。耶穌以祂的身體和生命，將那交匯連繫起來。祂成了活著和死去的紐帶，確立神揀選來解決人類絕境的方法。當沒有其他出路時，耶穌開出一條出路。祂就是那道路。

這一節會讓大家一瞥十字架。它仍然是一個沒有窮盡的主題。容許自己透過別人的眼睛看那恐懼和奇妙，你便可以看到以前看不到的事情。你可能重新發現十字架那屬靈的吸引力，是耶穌自己描述的。祂說：「我若從地上被舉起來，就要吸引萬人來歸我。」(約十二32)

你會怎樣對待耶穌？

路加福音二十三章33節

到了一個地方，名叫「髑髏地」，就在那裏把耶穌釘在十字架上，又釘了兩個犯人：一個在左邊，一個在右邊。

神有理由決定要耶穌可恥地掛在兩個罪犯之間。祂想顯示祂的兒子樂意降到多麼深的恥辱中。在出生時，耶穌被野獸包圍。現在在死亡時，祂則在罪犯之中。沒有人可以說神遠離我們這個墮落世界的破碎。祂降卑，以致我們可以和祂一起高升到新生命中……

這些強盜代表整個人類。最終，世界不是按地理、種族或經濟劃分。我們也不能在比較好和比較壞的人之間劃出界線。所有種族、國家和文化都在十字架那裏分開。在其中一邊，是那些相信的人；在另一邊，則是那些選擇證明自己無罪的人，他們決意以自己的紀錄站在神面前。天堂和地獄並非離我們很遠的地方，而是近在咫尺。一切都有賴我們怎樣對待耶穌。

呂德夏 (Erwin Lutzer)

獨一無二的死

路加福音二十三章32節
又有兩個犯人，和耶穌一同帶來處死。

雖然我們感到很難，甚至抗拒想像，耶穌只是眾多被十字架折磨至死的人中的其中一個。祂在加略山脊有兩個同伴。但祂在十字架的經驗包括幾個嚴肅的特點。那是獨一無二的人獨一無二的死亡：

首先，那是可恥的。祂被脫去衣服，赤裸地釘於天地之間。聖經沒有提到士兵為其他受刑者的衣服抽籤。祂被羣眾嘲笑，被其中一個罪犯譏諷。耶穌頭上釘了一個牌，取笑祂自稱為君王。祂忍受這種羞辱。

其次，祂完全無辜——而且祂可以證明這點！祂選擇到那裏。釘子不能令祂留在十字架上。祂留下的決定，比祂逃避痛苦的渴望更強烈。想一想，自憐的誘惑力是多麼大。

第三，祂在十字架上承受世界的罪——包括你和我的罪。

第四，祂被我們的罪掩蓋時，祂的父轉離祂，那時祂感受到神離棄的行動。

威爾遜 (Neil Wilson)

向前看

馬可福音十五章25節
釘他在十字架上是巳初的時候。

主的恐懼是我們的十字架。被釘十字架的人不再有力量隨自己的意願向任何方向移動或轉動自己的四肢。同樣，我們不應該將願望和欲望專注於現在令我們喜悅的東西上，而應該根據主的律法怎樣限制我們。那些被縛在十字架的木頭上的人，不再考慮現時的事物，也不再想到自己的喜好。他們不會因為對明天的憂慮和關心而分心，也不會受到對財產的欲望打擾。他們不會因為驕傲、衝突或對抗而激動。他們不為現時的痛苦悲傷，也不記得過去的傷害。因為他們仍然在這軀體中呼吸時，視自己為對地上的一切都已經死了。他們將自己心裏的思想傳到他們知道自己很快便會追隨而至的地方。所以，我們被對主的懼怕釘十字架時，肯定應該向一切死。也就是說，我們不單應該向邪惡死，也應該向一切地上的事物死。我們應該將心裏的目光投向我們不斷盼望接觸之處。因為這樣，我們便能夠破壞我們的一切欲望和肉體的喜好。

迦賢努 (John Cassian)

我們的盼望

約翰福音十九章18節
他們就在那裏釘他在十字架上。

神真的被釘十字架嗎？而被釘十字架後，祂真的死了嗎？死了後，祂真的復活嗎？如果不是的話，保羅「定了主意，在你們中間不知道別的，只知道耶穌基督並他釘十字架」便是虛假的。他虛假地強行要我們接受基督被埋葬和復活。那麼我們的信仰也是假的。我們對基督的一切盼望都只是一場夢。你宣告謀殺神的人無罪是可恥的！如果基督從未真正受苦，祂便沒有為他們受苦……

神的兒子被釘十字架。我不因為人類必須為它感到羞恥而羞恥。而神的兒子死了。無論如何，這是我們要相信的，因為它是荒謬的。祂被埋葬，然後復活。那事實是肯定的，因為它是不可能的。但如果祂自己不是真實的，如果祂裏面沒有可以被釘十字架、可以死亡、可以被埋葬和可以復活的東西，這一切怎能是真的？

特土良 (Tertullian)

祂明白你的苦難

馬太福音二十七章34節

兵丁拿苦膽調和的酒給耶穌喝；他嘗了，就不肯喝。

在釘上釘子前，兵士會先給犯人飲品。馬可説那酒混和了沒藥。馬太形容那是混和了苦膽的酒。沒藥和苦膽都有鎮靜功能，令感官麻木。但耶穌拒絕喝。祂拒絕被那些藥物麻醉，選擇感受自己苦難的全部力量。

為甚麼？為甚麼祂忍受所有這些感覺？因為祂知道你也會感受得到。

祂知道你會疲倦、煩惱和憤怒。祂知道你會渴睡、充滿哀傷和飢餓。祂知道你會面對痛苦。如果不是身體的痛苦，便是心靈的痛苦……那痛苦太大，任何藥物都不能停止。祂知道你會面對乾渴。如果不是對水乾渴，便至少是對真理乾渴。而我們從口渴的基督這個形像得到的真理是——祂明白。

路卡杜 (Max Lucado)

為我們被嘲笑

馬太福音二十七章43節
「他倚靠神，神若喜悅他，現在可以救他；因為他曾說：『我是神的兒子。』」

這是多大的悖論！基督來到，向以色列——向世界——顯示祂醫治人這神奇的力量。祂完全勝過撒但和他的國度；不過，在加略山的十字架，他們以好像「他相信神，讓神拯救他吧」(參太二十七43) 這樣的話嘲笑祂。這些話表示耶穌被神擊打。這是多麼放肆的話！他們昏暗的心有多大的罪！他們多麼瞎眼！

接著以賽亞繼續解釋十字架的原因和目的。祂為我們的過犯被刺透。祂為我們的罪孽被壓傷——殺死。我們應得的懲罰都落在祂身上，讓我們可以得平安，與神和好。藉著祂的鞭傷，我們得到醫治。

得醫治？從甚麼得到醫治？

彼得在他的第一封信中告訴我們：「他被掛在木頭上，親身擔當了我們的罪，使我們既然在罪上死，就得以在義上活。因他受的鞭傷，你們便得了醫治。你們從前好像迷路的羊，如今卻歸到你們靈魂的牧人監督了。」(彼前二24～25)

因祂的鞭傷，我們從自己的罪中……從罪對我們的力量和管轄中得醫治 (羅六章)。

這是怎樣的醫治！這是怎樣的救主！

歐凱利 (Kay Arthur)

徹底的順服

路加福音二十三章35節

百姓站在那裏觀看。官府也嗤笑他，說：「他救了別人；他若是基督，神所揀選的，可以救自己吧！」

基督的十字架令那些濫權的人臣服於以前受他們管轄的人。十字架首先教導我們，抵抗罪到死的地步，並樂意為了宗教而死。它也為我們定下順服的榜樣，它也以同樣的方式懲罰曾經統治我們的人的固執。聆聽使徒保羅怎樣藉著基督的十字架教導我們順服：「你們當以基督耶穌的心為心：他本有神的形像，不以自己與神同等為強奪的；反倒虛己，取了奴僕的形像，成為人的樣式；既有人的樣子，就自己卑微，存心順服，以至於死，且死在十字架上。」因此，身為有技巧的大師，同時以榜樣和命令教導，基督也教導我們順服，甚至到了死的地步，在順服中向自己死。

魯非諾 (Rufinus)

那個牌子

路加福音二十三章38節
在耶穌以上有一個牌子寫著：「這是猶太人的王。」

請留意那個牌子有即時的功效。記得那個罪犯的回應嗎？距離自己的死亡不遠，在痛苦的大漩渦中，他轉身說：「耶穌啊，你得國降臨的時候，求你記念我！」(路二十三42) ……

路加似乎將那牌子的話和那個罪犯獻上禱告連繫起來。在一段經文中，他寫道：「在耶穌以上有一個牌子寫著：『**這是猶太人的王**。』」(路二十三38) 。短短四節經文後，我們讀到強盜的請求：「耶穌啊，你得國降臨的時候，求你記念我！」

那強盜知道自己身陷極大困境。他轉過頭來，讀到那君王的宣告，要求君王幫助。那可能就是這樣簡單。如果是這樣的話，那牌子就是用來宣告十字架信息的第一件工具。無數其他人都依從它，從印刷媒體到收音機到大型佈道會到你拿著的這本書。但在這一切之前，先有一塊粗糙的木牌子。全因為那個牌子，一個靈魂得到拯救。全因為有人將那個牌子釘在十字架上。

路卡杜 (Max Lucado)

拯救我們

馬太福音二十七章42節
「他救了別人，不能救自己。他是以色列的王，現在可以從十字架上下來，我們就信他。」

耶穌不是遠離城市的噪音和活動，在寧靜的建築物中被處死。祂在公共的高速公路，在或許有數以百計路人的一天被處死。祂的罪狀用三種語言——希臘語、希伯來語和拉丁語——寫成，顯示世界各地的人羣經過各各他，「髑髏地」。這本身已經是羞辱，因為路過的人可以盯著受刑的人，刻薄地嘲笑他們。這來自羣眾的嘲笑同樣是已經預期到的(詩二十二6～8)。

普通人嘲笑祂已經夠糟，但甚至連猶太領袖也加入攻擊的行列。他們提醒祂，祂曾經承諾在三天內重建聖殿(約二19；太二十六61)。「如果你能夠這樣做，你可以從十字架上走下來，證明給我們看，你是神的兒子！」事實上，祂留在十字架上，才證明祂是神的兒子。

猶太領袖嘲笑耶穌自稱救主。「他救了別人，不能救自己。」(太二十七42)祂救了別人。但如果祂救自己，別人便不能得救！祂來不是要救自己的生命，而是獻出自己的生命作罪人的贖價。

威爾斯比(Warren W. Wiersbe)

那黑暗

馬太福音二十七章45節
從午正到申初，遍地都黑暗了。

為甚麼午間好像黑夜？

黑暗總是與神審判大罪有關。這裏我們看到神審判那些以殘忍的輕蔑對待祂兒子的邪惡分子；在深刻的意義上，我們和他們一起受譴責，因為是我們的罪令耶穌走上十字架。如果我們喜愛罪，便會愛那引致釘子插入我們救主手腳的邪惡……

但還有另一個原因引致那黑暗。它代表神對自己兒子的審判。在那黑暗的幾小時，耶穌在法律上犯了我們的罪，並因而受審。想一想：法律上犯了種族滅絕、虐待兒童、酗酒、謀殺、姦淫、同性戀、貪婪等罪。當那無罪的「為我們成為罪」時，那事件被蒙起，不讓人眼看到，這是多麼恰當啊。

呂德夏 (Erwin Lutzer)

進入神的同在

馬可福音十五章37至38節
耶穌大聲喊叫，氣就斷了。殿裏的幔子
從上到下裂為兩半。

舊約的會幕美妙地顯示靈魂從罪的荒野進去享受神的同在這內在旅程。回轉的罪人首先進入外院，在銅祭壇上獻上流血的祭物，並在附近的洗濯盆清洗自己。接著他穿過一塊幔子，進入聖所。那裏沒有自然光可以照射進去，代表耶穌是世界之光的金燭台發放柔和的光線。那裏也有陳設餅，講述耶穌是生命的糧；還有香的祭壇，象徵不住的禱告……另一塊幔子將至聖所分開，在那裏，在施恩座前有神自己可畏和榮耀的顯現。會幕存在時，只有大祭司可以一年進入至聖所一次，為自己和百姓的罪獻上血。我們的主在加略山上獻出祂的靈魂時，破裂的正是這塊幔子……這幔子破裂，打開一條路，讓世上每個敬拜者通過又新又活的路，直接進入神的同在。

陶恕 (A. W. Tozer)

神的同在

馬可福音十五章37至38節
耶穌大聲喊叫，氣就斷了。殿裏的幔子
從上到下裂為兩半。

隨著耶穌的身體被撕裂，除去幔子，神那邊沒有甚麼阻止我們進入，為甚麼我們還在外面遲延？為甚麼我們同意一直守在至聖所外面，永不進去仰望神？我們聽到新郎說：「讓我看你的臉孔，讓我聽你的聲音；因為你的聲音甜美，你的面容秀麗。」我們感到那呼喚是向我們發出，但我們仍然沒有走近。年月過去，我們在會幕的外院變得年老和疲憊。是甚麼妨礙我們？……堅持按真理完成工作，工作便會完成。十字架是粗糙的，也是致命的，但卻是有效的。它沒有令受害人永遠掛在上面。終有一刻，它的工作會完成，受害人會死去。之後便是復活的榮耀和能力，那痛苦會被遺忘，因為那幔子已經被除去，我們進入了永活神同在這真實的屬靈經驗，充滿喜樂。

陶恕 (A. W. Tozer)

障礙已經除去

馬太福音二十七章50至51節
耶穌又大聲喊叫，氣就斷了。忽然，殿裏的幔子從上到下裂為兩半。

似乎是人的殘暴，實際上卻是神的主權。馬太告訴我們：「耶穌又大聲喊叫，氣就斷了。忽然，殿裏的幔子從上到下裂為兩半」(太二十七50～51)。

彷彿天上的手抓著那幔子，等待這一刻。要謹記幔子的大小——六十尺長，三十尺闊。在某一刻它完好無缺；在下一刻，它卻由上到下裂為兩半。沒有遲延。沒有猶疑。

破裂的幔子表示甚麼？對猶太人來說，那表示他們和至聖所之間再沒有障礙。再沒有祭司在他們和神之間。再沒有祭物為他們贖罪。

對我們來說又怎樣呢？那破裂的幔子對我們象徵甚麼？

我們被迎接到神的同在中——任何一天，任何時間。神已經除去使我們與祂隔離的障礙。罪的障礙？除去了。祂已除去那幔子。

路卡杜 (Max Lucado)

地震

馬太福音二十七章54節
百夫長和一同看守耶穌的人看見地震並所經歷的事，就極其害怕。

我們的主得勝的呼喊後，立即發生地震。裂開的石頭不是分離的巨礫，而是懸崖、大石。地震在耶路撒冷並非不常見，但透過神的支配，這特定的地震和剛剛在屬靈領域發生的大事同步，彷彿要證明那沒有生命的身體——無力地掛在十字架的祂，那大能和尊貴……

這不是可以歸因於自然成因的孤立現象。那巧合實在太驚人。它正好和兩件奇迹同時發生，就是神祕的黑暗和幔子裂開。它也和神兒子的高聲呼喊和死亡同時發生。它亦和某些墳墓——明顯只是聖徒的墳墓——打開同時發生。

有些人從神這顯現中，看到回答西乃山的地震，那地震明顯證明有神令人充滿敬畏的同在。在舊約，地震往往代表神的同在和祂介入人中間。

孫德生 (J. Oswald Sanders)

聖徒復活

馬太福音二十七章52至53節

墳墓也開了，已睡聖徒的身體多有起來的。到耶穌復活以後，他們從墳墓裏出來，進了聖城，向許多人顯現。

我們必須指出，雖然墳墓在基督死亡的那刻打開，但根據記載，聖徒的身體「在祂復活**後**才從墳墓中出來」……

墳墓打開，生動和有力地象徵藉著基督的死，死亡的束縛被永久打破。「祂藉著被殺而殺死死亡」，永遠除去墳墓的可怕和勝利。

這些聖徒的復活明顯顯示地獄的門已經被打開。「他們出來」這幾個字肯定表示他們說的話。他們起來，但不是為了再在地上生活。他們「向許多人顯現」，不是要逗留下來……他們的身體明顯為這個目的而復活，但那不是他們最後的復活。

在這重大的事件，我們得到一個記號，耶穌已經征服死亡，也預示等候信徒的榮耀復活。

孫德生 (J. Oswald Sanders)

成了

馬可福音十五章37節
耶穌大聲喊叫，氣就斷了。

耶穌在早上九時被釘十字架；從早上九時到正午，祂在日光下被掛起來。但在正午，奇迹般的黑暗籠罩大地。那不是沙塵暴或日蝕，正如一些自由派作者提出那樣。那是由天上帶來的黑暗，持續了三小時。彷彿所有受造物都同情創造主。在逾越節前，埃及有三天的黑暗(出十21～23)；而在神的羔羊為世界的罪死前，有三小時的黑暗……

雖然祂「因軟弱被釘在十字架上」(林後十三4)，祂死時卻運用了了不起的能力。有三個奇迹同時發生：聖殿的幔子從上到下裂為兩半；地震令很多墳墓打開了；有些聖徒從死裏復活。幔子裂開象徵一個了不起的真理：通向神的路已經開了(來十14～26)。再不需要聖殿、祭司、祭壇或祭牲。耶穌已經在十字架上完成了拯救的工作。

威爾斯比 (Warren W. Wiersbe)

真是

馬可福音十五章39節
對面站著的百夫長看見耶穌這樣喊叫斷氣，就說：
「這人真是神的兒子！」

一個百夫長(羅馬守衛中有階級的人)和士兵一起到刑場。毫無疑問，他這樣做過很多次了。但這次釘十字架卻完全不同——那不能解釋的黑暗，那地震，甚至那被處決的人說出的這些話：「父啊！赦免他們；因為他們所做的，他們不曉得。」(路二十三34)這個百夫長觀察耶穌那比較快和清醒的死亡。這個外邦的羅馬軍官明白一些大部分猶太人都不明白的事情：**「這人真是神的兒子！」**我們不知道他是否明白自己說的話。他可能只是欣賞耶穌的勇氣和內在力量，或許他以為耶穌是神，就好像羅馬眾多的神祇一樣。他肯定看出耶穌是無辜的。當猶太人的宗教領袖站在周圍慶祝耶穌的死時，一個孤獨的羅馬軍人卻是耶穌死後，第一個稱讚祂是神的兒子的人。

靈修版聖經註釋——馬可福音
(Life Application Bible Commentary — Mark)

為了神的榮耀

路加福音二十三章47節
百夫長看見所成的事，就歸榮耀與神，說：
「這真是個義人！」

我們不能總是，甚至不能經常控制事情，但我們可以控制自己對事情的反應。令人沮喪或害怕的事情發生時，我們應該仰望神，尋求祂的意思，要記得祂不會措手不及，祂的目的最終也不會被阻撓。神尋找的是會**崇拜**祂的人。我們求問地信任的面容能夠榮耀祂。

十字架的其中一個見證人是一個軍官。對他來說，那景象肯定毫不新奇。他見過很多罪犯被釘起來。但這個掛在那裏的人的回應，和其他人的回應有完全不同的性質，令百夫長立刻知道祂是無辜的。他自己的回應，不是因為這樣可怕的不公義而沮喪，也不是對能夠阻止這事的神感到憤怒，而是**讚美**(路二十三47)。

這就是我們的第一個責任：榮耀神。面對生命最壞的逆轉和悲劇時，忠心的基督徒的回應是讚美——當然不是**為了**那錯誤，而是為了神是誰，以及最終能夠肯定對那些愛祂的人，會有一個模範實行出來。

艾莉莎(Elisabeth Elliot)

祂選擇為我們受苦

詩篇二十二篇7至8節

凡看見我的都嗤笑我；他們撇嘴搖頭，說：他把自己交託耶和華，耶和華可以救他吧！耶和華既喜悅他，可以搭救他吧！

主耶穌怎能夠讓自己在人的手中受苦？祂畢竟是全地的主，人也是透過祂按著神的形像受造。即使祂樂意受苦，藉以顯明祂對我們的愛，那又怎能發生？這不會減損祂的能力和尊嚴嗎？

正如我們預期那樣，答案可以從聖經找到。先知受到主自己啟發，預告祂會以人的身分來到，因為如果祂要消滅死亡，引進永生，祂必須有血肉之軀。而要有人的血肉之軀，會涉及受苦：兩者幾乎是不能區分的。有沒有人一生都沒有經歷苦難？

但這不單是接受無可避免的事情。主**選擇**受苦，讓祂可以實現神向我們祖先的應許，顯明祂對他們的愛是多麼深，祂為我們受苦和受死，然後在自己復活後使我們復活，將神的新百姓聚集在一起。

巴拿巴書信 (Epistle of Barnabas)

被藐視和被厭棄

以賽亞書五十三章3節
他被藐視，被人厭棄；多受痛苦，常經憂患。他被藐視，好像被人掩面不看的一樣；我們也不尊重他。

神成為肉身，本身已經是歷世歷代的奇迹。成肉身的神的主導特徵是哀傷，令我們察覺到，我們思想這個題目時，正在進入基督生命的聖所中的至聖所。我們站在永恆其中一個最崇高和聖潔的真理。它實在太深刻，以致我們不能夠測度它的奧祕和尊貴。

耶穌的哀傷和痛苦是不能描述或定義的。在祂最親密的圈子中的人出賣和否認祂，傷害了祂的愛。救贖世界這個可畏的責任重重地壓著祂……

刺穿祂聖潔的手腳的鐵釘，是我們的罪。割傷祂額頭，損害祂臉容的荊棘，是我們的罪。將祂背部的肌肉撕裂的鞭子，是我們的罪。搖擺著嘲笑祂的頭，詆毀祂的舌頭，是我們的罪。

「他為我們的過犯受害。」身為憂患之子，祂背起我們的重擔和罪的刑罰。祂為我們背起它。祂背起我們的哀傷。祂承受我們的罪責。祂忍受我們的痛苦。祂代替我們受死。

嘉瑞彼 (Henry Gariepy)

更近距離地觀看

以賽亞書五十三章4節
他誠然擔當我們的憂患，背負我們的痛苦；我們卻以為他受責罰，被神擊打苦待了。

要你經歷我的所有痛苦，和我一起經歷哀傷，能夠令你喜悅嗎？那麼考慮一下針對我的計謀，以及我無辜的血那不敬虔的代價吧。考慮那個門徒那假裝的親吻，羣眾的侮辱和虐待，更甚的是，那些嘲弄的毆打和指控的舌頭。想像一下那些假見證人，彼拉多受咒詛的判決，壓在我肩頭和疲倦的背部的沉重十字架，我踏著痛苦的步伐，走向可怕的死亡。從頭到腳研究我。我被遺棄，在我親愛的母親面前被高高舉起。我的頭髮沾著血，殘忍的荊棘圍繞著我的頭。從我神聖的臉孔，血好像雨水般流下。留意我凹陷、看不見東西的眼睛和我被打傷的面頰。看我乾渴的舌頭，被苦膽破壞。我的臉蒼白如死。看我雙手被釘刺穿，以及我伸出來的雙臂。看我肋旁的大傷口，血從那裏流出。想像我被刺穿的雙腳和染血的四肢。然後跪下，流著淚敬拜那十字架的木頭。以謙卑的面容，向染滿無辜的血的地上俯身。灑下眼淚，將我和我的鼓勵帶到你敬虔的心中。

拉克單丟 (Lactantius)

需要做一些事情

以賽亞書五十三章5節
因他受的刑罰，我們得平安。

神不能簡單地宣告赦罪嗎？基督必須經過死亡的痛苦過程嗎？……

如果神簡單地宣告赦罪，赦罪便會變得廉價。我們的罪實在太嚴重，不可以有這樣的回應。我們的過錯實在太重大，不可能這樣輕易處理。在童年得不到糾正的人，過錯被輕視的人，無可避免地會變得欠缺安全感。在潛意識裏，他們推論説，如果他們是重要的人，他們的行動便會受到重視……

由於神當我們是重要的人，祂不能簡單地宣告赦免我們的罪。這些罪必須受到足夠的懲罰。耶穌接受那懲罰，因為神知道如果我們自己接受懲罰，我們便沒有盼望。

還有，簡單地赦罪，會令公義成為笑柄。沒有公義的世界是不安全和一團糟的世界。事情可以分為正確和錯誤。而當人們做了錯事時，那是嚴重的。因此必須做一些重大的事情來應付。

費蘭度 (Ajith Fernando)

神在十字架的計劃

以賽亞書五十三章6節
我們都如羊走迷；各人偏行己路；耶和華使我們
眾人的罪孽都歸在他身上。

「受苦」。這個詞不單有忍受痛苦這個日常的意思，也包含成為受別人行動影響的對象這個更古老和更廣泛的含義。拉丁語是*passus*，這個詞產生了"passion"這個名詞。神和人都是耶穌受苦的代理：「他既按著神的定旨先見被交與人，你們就藉著無法之人的手，把他釘在十字架上，殺了」(徒二23，來自彼得第一次講道)。神在十字架的目的，和將人釘十字架的人那罪同樣真實。

神的目的是甚麼？為了憐憫罪人而審判罪。人的公義受挫，成就神的公義。耶穌在十字架上明白人可以加諸別人的一切痛苦，包括肉體和精神上的痛苦。祂也明白我的罪應該得到神怎樣的憤怒和棄絕；因為祂代替了我，為我代贖。「我們都如羊走迷……耶和華使我們眾人的罪孽都歸在他身上。」(賽五十三6)

巴刻 (J. I. Packer)

最高的榮耀

以賽亞書五十三章11節
他必看見自己勞苦的功效，便心滿意足。有許多人因認識我的義僕得稱為義；並且他要擔當他們的罪孽。

誠然，根據世界和世人的標準，十字架象徵可鄙。但在天上和忠信的人中間，十字架卻是最高的榮耀……

但甚麼是以十字架誇口？以基督在我是奴僕、敵人、冷酷的人時，為我取了奴僕的形像，為我受苦這事實而誇口。祂是那麼愛我，以致為了我，讓自己受咒詛。甚麼可以與此相比？如果僕人只接受主人的稱讚，他們本質上與主人是親屬，受到這關係抬舉；當我們的主人，神自己，不以基督為我們忍受的十字架為恥時，我們必須多麼誇口。因此，我們必定不能以祂那無法形容的溫柔為恥。祂沒有以為你被釘十字架為恥——你會為了承認祂對你無比的關心為恥嗎？

屈梭多模(Chrysostom)

背負我們的罪

以賽亞書五十三章12節
他卻擔當多人的罪。

耶穌來不單是為了揭示神的品格。祂來令我們可以按著那品格被重塑。祂來救贖我們脫離我們現在的光景，將我們重塑成祂的樣式。祂不單是教師、實行者——祂是救贖者。

祂來不單是為了賜下祂的話、祂的榜樣。祂來獻出自己。祂變成我們那樣，以致我們可以變成祂那樣。祂受洗歸入世界的勞苦三十年，在這些年間受洗歸入我們的試探，最終受洗歸入我們的罪。祂在十字架為我們成為罪。祂在兩個罪犯中間，好像他們的一分子那樣受死，並發出被遺棄的呼喊，是你和我在犯罪時發出的：「我的神！我的神！為甚麼離棄**我**？」如果「生命是敏感的話」，這裏便有無限的生命，因為這裏有無限的敏感——每個人的飢餓都是祂的飢餓；每個人的捆綁都是祂的捆綁；每個人的罪都是祂的罪。「他被掛在木頭上，親身擔當了我們的罪。」不要叫我解釋。我不能解釋；我在十字架面前，在它的奇妙面前，謙卑地俯伏和悔改。神竟然將自己賜給我。我俯伏並得到救贖！

瓊斯(E. Stanley Jones)

神的羔羊

約翰福音一章29節
次日，約翰看見耶穌來到他那裏，就說：「看哪，神的羔羊，除去世人罪孽的！」

我們都十分熟悉一種故事。有可怕的災難或災禍發生，一位英雄為了眾人的利益犧牲自己，將困難解除。那可能是瘟疫、饑荒或怪物——希臘神話有很多這類故事：邪惡的力量被自我犧牲的能力安撫或挫敗。

現在沒有人鄙視這個觀念。神仙故事都接受這個觀念。但有些人似乎覺得，在現實生活中，神的兒子藉著自我犧牲的力量克勝邪惡，是很難接受的觀念。

當然，沒有故事涉及好像基督的犧牲。祂代替全世界接受死亡，讓全世界可以得到潔淨——這個世界本來註定要毀滅。耶穌獨自以自己神聖的力量，能夠背負世界的罪這個重擔。祂為我們的罪獻出自己作為祭物時，將那重擔帶到十字架。好像被帶去屠宰的羊一樣，祂謙卑下來，藉著自己的死，將我們從我們的罪帶給我們的危險中解救出來。

俄利根(Origen)

神那麼愛

約翰福音三章16節

「神愛世人，甚至將他的獨生子賜給他們，叫一切信他的，不致滅亡，反得永生。」

誰能夠描述神的愛那蒙祝福的連繫？誰人能夠按應該的方式講述它的美那卓越之處？愛攀上的高度是不能形容的。愛使我們與神聯合。愛遮掩許多罪。愛包容一切——是在一切中恆久忍耐。愛裏沒有殘忍，沒有自大。愛不容許分裂；愛不容許叛亂；愛和諧地做一切事情。所有蒙神揀選的，都因為愛而變得完全；沒有愛，沒有甚麼能夠討神喜悅。在愛中，主將我們帶到祂自己那裏。為了祂對我們的愛，我們的主耶穌基督因著神的旨意，將祂的寶血給我們，以祂的肉換我們的肉，以祂的靈魂換我們的靈魂。

親愛的，你看，愛是多麼偉大和了不起的事物。根本不可能充分地宣告它的完美。除了蒙神仁慈地給予特權的人外，有誰適合在愛中？因此，讓我們禱告，並祈求祂憐憫，以致我們可以無可指責地在愛中生活，沒有任何人類的偏私，以某人比別人高超。

羅馬的革利免 (Clement of Rome)

背起你的十字架

馬太福音十章38節
「不背著他的十字架跟從我的，也不配作我的門徒。」

那麼，為甚麼你害怕背起帶來天國的十字架？在那十字架中有健康，在那十字架中有生命，在那十字架中有在面對敵人時得到保護，在那十字架中有天國的甜美，在那十字架中有心裏的力量，在那十字架中有靈的喜樂，在那十字架中有德行的高峯，在那十字架中有聖潔的完美。除了在十字架中，靈魂沒有健康，也沒有永生的盼望。因此，背起你的十字架，並跟隨耶穌，你便能夠進入永生。祂走在你前面，背著祂的十字架，並為你死在十字架上，讓你也可以背起你的十字架，並喜歡被釘在上面。因為如果你與祂同死，便會與祂同活；如果你參與祂的受苦，也會參與祂的榮耀。

多馬・肯培 (Thomas À Kempis)

祂會幫助你忍受它

馬可福音八章34節
於是叫眾人和門徒來，對他們說：「若有人要跟從我，就當捨己，背起他的十字架來跟從我。」

以人的本性，我們不會：背負十字架；喜愛十字架；壓抑身體，令它順服；逃避榮耀；虛心地忍受責備；鄙視自己，渴望受到鄙視；承受所有逆境和損失；不渴望此世的富足。如果你看自己，你自己不能夠做任何這些事；但如果你信任主，便會從天上賜下忍耐給你，世界和肉體都會順從你的命令。對，你甚至不會懼怕你的仇敵魔鬼，如果你配有信心，並有基督的十字架作簽署。

因此，讓自己成為基督良善和忠心的僕人，勇敢地背負你的主的十字架，祂出於愛，為你被釘死。預備自己在這不幸的生命中忍受眾多逆境和多重困難；因為無論你在哪裏，它都會伴隨著你；無論你躲藏在哪裏，你都會發現它。它必須是這樣；除了耐心忍耐外，沒有方法逃避苦難和哀傷。如果你渴望成為你主的朋友，和祂有你的分，便充滿愛地喝祂的杯吧。將安慰留給神，關於安慰，讓祂做祂看來最好的事吧。

多馬 · 肯培 (Thomas À Kempis)

公開承認

馬太福音十章32至33節

「凡在人面前認我的，我在我天上的父面前也必認他；凡在人面前不認我的，我在我天上的父面前也必不認他。」

為甚麼基督催促祂的門徒背起十字架跟隨祂？……關於祂會經歷，以及祂的門徒會忍受的苦難，祂提出：「凡要救自己生命的，必喪掉生命；凡為我喪掉生命的，必得著生命。」而由於基督的門徒必須為祂受苦，祂對他們説：「所以我差遣先知和智慧人並文士到你們這裏來，有的你們要殺害，要釘十字架。」……因此，祂認識那些會因為祂而受迫害和被鞭打及殺害的人。祂沒有提及任何其他十字架，而是指祂會經歷的苦難……所以，祂給他們這個鼓勵：「那殺身體、不能殺靈魂的，不要怕他們；惟有能把身體和靈魂都滅在地獄裏的，正要怕他。」祂催促他們堅守他們對祂信仰的認信。因為祂應許在祂父面前承認那些在人面前承認祂名的人。但祂也宣告説，祂不會承認那些不承認祂的人；對那些以承認自己效忠於祂為恥的人，祂也會以他們為恥。

愛任紐 (Irenaeus)

世界對我們來說已經被釘

馬太福音十六章26節
「人若賺得全世界，賠上自己的生命，有甚麼益處呢？
人還能拿甚麼換生命呢？」

那麼，如果我們想得到拯救，讓我們好像那些與基督同釘十字架的人一樣，向世界失去自己的生命吧。因為我們的榮耀是我們主耶穌基督的十字架。世界對我們來說要被釘在十字架上，我們對世界來說也要被釘在十字架上，讓我們可以得到我們生命的拯救。我們為了道失去自己的生命時，這拯救便開始。但如果我們以為，我們生命的拯救(或者在神裏面的拯救，以及和祂一起的喜樂)是蒙福的事情，那麼任何生命的失去都是好事。為了基督的緣故，死亡必須先於得到祝福的拯救。因此，對我來說，根據捨己的類比，我們都似乎應該失去自己的生命。讓我們都失去自己有罪的生命，以致失去了有罪的東西後，我們可以得到被公義拯救的東西。我們得到全世界，絕對不會得益……但我們有選擇時，更好的是放棄世界，並藉著為基督失去生命而得到生命；而不是放棄自己的生命，並得到世界。

俄利根(Origen)

我們還是罪人時

羅馬書五章8節
惟有基督在我們還作罪人的時候為我們死，
神的愛就在此向我們顯明了。

十字架是救恩歷史中最重大的事件，甚至比復活更重大。十字架是勝利，復活是得勝；但勝利比得勝更重要，雖然勝利後必定有得勝。復活是勝利的公開展示，是被釘死的那一位的得勝。但勝利本身是完全的。「成了」(約十九30)。

十字架是神的愛至高的證據。因為在那裏，所有生命的主將自己最愛，自己惟一的兒子，創造的中保和後嗣交給死亡(西一16；來一2～3)。主基督死在十字架上，眾星為了祂圍繞太空，每條小蟲在陽光中為祂起舞(來二10)。真的，「惟有基督在我們還作罪人的時候為我們死，神的愛就在此向我們顯明了。」(羅五8)

索爾(Erich Sauer)

絕不平凡的勇氣

羅馬書六章6節
因為知道我們的舊人和他同釘十字架，使罪身滅絕，
叫我們不再作罪的奴僕。

沒有否定自己的人，不能跟隨耶穌。因為選擇跟隨耶穌，以及實際跟隨祂，都不是源自平凡的勇氣。那些否定自己的人，抹去自己以前那些邪惡的生命。例如：那些曾經不道德的人，否定自己不道德的自我，變得永遠都自制……那些變得公義的人，不承認自己，只承認基督。那些找到智慧的人，因為他們擁有智慧，也承認基督。那些「心裏相信公義，口裏承認得救的人」，藉著向別人承認基督的工作，見證基督的工作，基督在天上的父面前也會承認他們……因此，讓每個思想，每個目的，每個字，每個行動，都變成否定自我，關於基督，以及在基督裏的見證。我相信完全的人的每個行動，都是見證基督耶穌，而戒除每一種罪，都是否定自我，引向基督。那些人與基督同釘十字架。他們背起自己的十字架跟隨祂。而祂為了我們，背負自己的十字架。

俄利根 (Origen)

我們是勝利者

羅馬書六章6節
因為知道我們的舊人和他同釘十字架，使罪身滅絕，
叫我們不再作罪的奴僕。

我們的熱情部分來自日常知道**我們是勝利者**。戰利品歸給勝利者，基督打敗死亡時，我們享受在加略山贏得勝利的所有好處。現在我們只需要完全降服在祂面前，在祂命令下事奉。我們知道自己的將來得到保障後，撒但便不能將我們從神手中搶走；我們接受了奪標者那積極和豐盛的精神。

但我們實際上怎樣降服？我們分享基督的勝利時，也分享祂的被釘。我們成為基督徒時，與祂同釘十字架(參羅六6；加二20)。這表示我們所有自我挫敗的部分——那叛逆、那衝突、那怨恨、那自私、那被我們的欲望奴役——所有這一切都和基督一同釘在十字架上。被釘的是所有這些邪惡，我們稱為**老我**的東西。然後，好像基督在第三天完美地復活一樣，我們也復活，在新生命、熱誠、勝利者的精神中行走。

但願我們能夠記得！但願我們能夠以紀念碑和記念儀式——真正的自由神像；那無名罪人紀念碑——令我們不會忘記，那怕只是一刻，我們不再需要與被打敗的敵人搏鬥。

耶利米 (David Jeremiah)

倒空我

羅馬書六章6節
因為知道我們的舊人和他同釘十字架，使罪身滅絕，叫我們不再作罪的奴僕。

天知道，這些最終釋放我們，給我們真生命的十字架工作，並不是刻意追求的。如果讓我自己設計，我會以自己的自私實行加略山，為了向其他人顯示我這樣做，從而贏得他們贊成許可。這種虛假的謙卑是對基督教的破壞，是教會很多領袖的特點。那是向我投以敵意的可怕……

不，不，這必定要是神的工作，由祂設計，以祂的時間和祂自己的方式進行。根據走在我前面眾多人物的指示，我的角色是跪下，接受這痛苦會變成好事，雖然看不到結果，也降服在我的創造主的旨意的完美實行之前。我的角色是降服，不對抗穿入我的自大、吝嗇、自戀、專注於自己的成就和能力的木柱。我的角色是祈求：「倒空我。甚至倒空我的生命，如果那是祢以祢的方式做祢的工作的方法。我選擇相信祢對我的計劃是美好的。」

卡倫．梅因斯 (Karen Mains)

將希望寄託在真理上

羅馬書六章7節
因為已死的人是脫離了罪。

為甚麼你相信主耶穌死了？你這樣相信有甚麼根據？是否因為你**感到**祂死了？不，你從沒有感到。你這樣相信，是因為神的道這樣告訴你。主被釘十字架時，同時有兩個強盜被釘。你也不會懷疑他們並非和祂一起被釘，因為聖經頗為清楚地這樣說。

你相信主耶穌的死，你也相信和祂一起的強盜也死了。那麼，你自己的死又怎樣呢？你的被釘比他們的被釘更親密。他們與主同時被釘，但卻是釘在不同的十字架上，而你則和祂釘在同一個十字架上，因為祂死時，你在祂裏面。你怎麼知道？你可以因為神這樣說這個充分的理由而知道。那不在乎你的感覺……讓我告訴你吧，你已經死了！你已經完了！你已經被排除！你厭惡的自己在十字架上的基督裏面……這是給基督徒的福音。

倪柝聲

神的恩賜

羅馬書六章23節
因為罪的工價乃是死；惟有神的恩賜，在我們的主基督耶穌裏，乃是永生。

神是法官。由於祂是完全公平的，祂所有行動都必須服從公義的普遍法則。我們好像囚犯。我們都應該接受死刑，因為我們都犯了無數的罪：「世人都犯了罪，虧缺了神的榮耀。」出於公平，神必須以最嚴厲的懲罰審判我們的罪：「罪的工價乃是死。」祂不能容許我們居住在祂完美的天堂，那個地方沒有一點兒不潔，沒有一個錯誤的思想，或者一項罪。

在至高的憐憫行動中，神向我們有罪的罪犯顯出祂的恩寵和寬容。祂自己承受我們的懲罰。這就是基督在加略山為我們所做的事：「神的恩賜，在我們的主基督耶穌裏，乃是永生。」藉著祂的犧牲，所有信靠祂的人都被宣告為「無罪」，得到自由！這是真正的憐憫和恩典。

白立德 (Bill Bright)

祂沒有愛惜自己的兒子

羅馬書八章32節

神既不愛惜自己的兒子，為我們眾人捨了，豈不也把萬物和他一同白白地賜給我們嗎？

如果神因為最微小的一個被尋獲而歡欣，你怎能夠鄙視神真誠關心的人？我們甚至應該為了這小子中的一個放棄自己的生命。但那些失喪的人是否軟弱和可鄙？那麼，我們盡一切努力保存他們便更重要。甚至基督也離開那九十九隻羊，出去找那走失的一隻。祂利用眾多隻羊的安全，去防止一隻羊走失。路加說祂甚至將那走失的一隻放在肩膀上帶回家。而且，「一個罪人悔改……較比為九十九個不用悔改的義人歡喜更大」！主藉著離開那些已經得救的，以及因為這走失的而更高興，顯示祂多麼珍惜這走失的。所以，對這些靈魂，不要漫不經心……為了我們的鄰舍，不要拒絕做任何似乎是低下和麻煩的任務。雖然我們要服事微小和衣衫襤褸的人，雖然那工作是困難的，我們需要攀過高山，越過低谷，但要為了你鄰舍的得救忍受一切。因為一個靈魂對神來說是那麼重要，以致「祂不愛惜自己的兒子」。

屈梭多模 (Chrysostom)

記念那十字架

哥林多前書二章2節
因為我曾定了主意，在你們中間不知道別的，只知道耶穌基督並他釘十字架。

對你承擔了的任務要留神，總要記念被釘十字架的那一位。你仰望耶穌基督的生命時，真的應該羞愧，因為你還未努力更順從祂，雖然你在神的路上已經有很長時間了。一個虔誠的人，如果在最聖潔的生命和對我們的主的熱誠中，認真和虔誠地鍛煉自己，會找到很多對他有益和必須的事物，他也毋須在耶穌以外尋求甚麼更好的東西。啊！如果耶穌被釘會進入我們的心，我們應該多麼快和完全地學懂我們需要知道的一切！

多馬 · 肯培 (Thomas À Kempis)

那奇妙的十字架

哥林多前書二章2節
因為我曾定了主意，在你們中間不知道別的，只知道耶穌基督並他釘十字架。

我注視那奇妙十架時——
榮耀的王子在上面死去，
我將自己的財富當為損失，
輕視我的一切驕傲。

主啊，禁止我自誇，
除了誇我神基督的死！
最吸引我的一切無關重要的東西，
我都獻給祂的寶血。

看，從祂的頭，祂的手，祂的腳，
憂傷和愛混在一起流下！
愛和憂傷曾否這樣交匯，
荊棘曾否製成這麼寶貴的冠冕？

華滋（Isaac Watts）

真實的圖畫

哥林多前書二章2節

因為我曾定了主意，在你們中間不知道別的，只知道耶穌基督並他釘十字架。

耶穌基督在人們心中喚起很多形像。有些人將祂想像為馬槽中的嬰孩——聖誕節的基督。其他人將祂想像為小孩，可能住在木匠的家裏，或者面對耶路撒冷的宗教領袖。很多人將祂想像為充滿憐憫和很有能力的醫治者，恢復病人的健康，使死人復活。還有些人將祂想像為勇敢和勇猛的傳道者，向大羣羣眾宣講神的道。也有些人視祂為完美的人——善良、仁慈、憐憫、關心、關懷、溫柔、饒恕、智慧和諒解的模範。

不過，基督有一個超越其他一切的形像，那就是在十字架上的耶穌基督。認識被釘十字架的基督，就是認識祂這為你的信心創始成終者——祂位格和工作最真實的圖畫。

基督在十字架上受苦，是基督教信仰的焦點。在那裏，祂的神性、人性、工作和苦難都讓人最清楚看到。

麥克阿瑟 (John MacArthur)

釘十字架表示……

加拉太書二章20節

我已經與基督同釘十字架，現在活著的不再是我，乃是基督在我裏面活著；並且我如今在肉身活著，是因信神的兒子而活；他是愛我，為我捨己。

研究福音書記載耶穌被釘十字架的事件，已經成了在可怕的破壞時刻令我的靈魂保持警覺的方法。運用盲目的信心，我選擇了相信，神最終會重建一些新和了不起的事物……

這就是我的學習的連續禱告：

被釘十字架表示被得到信任的人出賣，被最倚靠和愛的人離棄。

主基督，對祢來說就是這樣。求祢幫助我，讓我好像祢那樣，順從這痛苦的意義。

被釘十字架表示被縛在痛苦上，那痛苦維持得足以做神的工作，而那是只有這種受苦才能夠做的。

主基督，對祢來說就是這樣。求祢幫助我，讓我好像祢那樣，順從這痛苦的意義。

被釘十字架表示感到神沉默，以致祂似乎不在場，似乎實際上已經離棄了我們。

主基督，對祢來說就是這樣。求祢幫助我，讓我好像祢那樣，順從這痛苦的意義。

(待續)

卡倫．梅因斯 (Karen Mains)

釘十字架表示……

加拉太書二章20節

我已經與基督同釘十字架，現在活著的不再是我，乃是基督在我裏面活著；並且我如今在肉身活著，是因信神的兒子而活；他是愛我，為我捨己。

(續前頁)

被釘十字架表示，被除去我們珍惜，我們從中得到自己身分的所有東西，被脫得赤條條。

主基督，對祢來說就是這樣。求祢幫助我，讓我好像祢那樣，順從這痛苦的意義。

被釘十字架表示，忍耐一段碰傷、錘打、擊打的時期，以沉默和接受首肯。

主基督，對祢來說就是這樣。求祢幫助我，讓我好像祢那樣，順從這痛苦的意義。

被釘十字架表示，進入深刻的孤獨；人們可以站在我們身旁，但卻不能夠真正經歷我們的苦難。

主基督，對祢來說就是這樣。求祢幫助我，讓我好像祢那樣，順從這痛苦的意義。

被釘十字架表示，經歷對抗我們的黑暗勢力聚集，在我們的脆弱中，不肯定最終的結果。

主基督，對祢來說就是這樣。求祢幫助我，讓我好像祢那樣，順從這痛苦的意義。

卡倫 · 梅因斯 (Karen Mains)

沒有更大的祝福

加拉太書二章20節

我已經與基督同釘十字架，現在活著的不再是我，乃是基督在我裏面活著；並且我如今在肉身活著，是因信神的兒子而活；他是愛我，為我捨己。

如果一種罪是那麼可怕，以致你以為甚至不以聖潔生命為目標是比較安全的；整個生命都犯罪，絕對不知道有更純潔的路，不是可怕得多嗎？你在自己放縱的生命中，怎能服從被釘十字架的那一位？……保羅催促你「將身體獻上，當作活祭，是聖潔的，是神所喜悅的」時；在你效法世界時；沒有藉著心意更新而變化時；你怎能服從祂？你沒有在這「新生命」中「行走」，卻繼續追求「老我」的日常事務時，怎能這樣做？……這一切對你來説都似乎並不重要嗎——與基督同釘十字架，將自己當作祭物獻給神，成為至高神的祭司，令自己配得到全能者俯視？如果你輕看這些事情的結果，我們還可以為你想像甚麼更大的祝福？因為與基督同釘十字架的結果是，我們會與祂同活，與祂一起得榮耀，與祂一起作王。

女撒的貴格利（Gregory of Nyssa）

將你的憂慮留在十字架上

加拉太書五章24節
凡屬基督耶穌的人，是已經把肉體連肉體的邪情私慾同釘在十字架上了。

我們怎樣對待這些憂慮？將你的焦慮帶到十字架上——按字面意思。下次當你擔心自己的健康、房屋、財政或航班時，在思想上走上那座山。花幾分鐘在那裏，再次看受苦的各個部分。

用你的拇指觸摸那槍尖。放一根釘子在手掌中。閱讀用你自己的語言寫成的牌子。你這樣做時，觸摸那些沾了神的血、濕軟的泥塵。

祂的血為你流出。

祂為你承受槍刺。

祂為你感受那鐵釘。

祂為你留下那牌子。

祂為你做這一切。明白這點，明白祂在那裏為你所做的一切，難道你不認為祂會在這裏為你留神嗎？

路卡杜 (Max Lucado)

活在十架上

加拉太書六章14節
但我斷不以別的誇口，只誇我們主耶穌基督的十字架；
因這十字架，就我而論，世界已經釘在十字架上；
就世界而論，我已經釘在十字架上。

如果我們希望除了十字架外，不以甚麼誇口，便必須靠近十字架而活——事實上，我們必須在十字架上活。這是令人震驚的。但這是加拉太書六章14節說的：「但我斷不以別的誇口，只誇我們主耶穌基督的十字架；**因這十字架，就我而論，世界已經釘在十字架上；就世界而論，我已經釘在十字架上**。」你**在**十字架上時，便**以**十字架誇口。這不是保羅說的嗎？「就我而論，世界已經釘在十字架上；就世界而論，我已經釘在十字架上。」世界對我來說是死的，我對世界來說也是死的。為甚麼？因為我已經被釘十字架。我們在十字架上時，學習以十字架誇口，並因十字架而快樂。除非我們自己也被釘在那裏，否則我們的誇口只是為了自己……

基督死去時，我們也死去。基督的死的榮耀表示，當祂死時，所有屬祂的也在祂裏面死了。我們以信心與基督聯合時，祂為我們眾人接受的死，也成了我們的死（羅六5）。

派博（John Piper）

歡迎！罪人，來吧！

以弗所書三章12節
我們因信耶穌，就在他裏面放膽無懼，篤信不疑地來到神面前。

從那高舉的十字架，
救主在那裏屈尊受死，
我們聽到多麼悅耳的聲音，
在陶醉的耳中大聲響起！
「愛的救贖工作已經完成——
來吧，歡迎！罪人，來吧！」

寶座現在染了血；
為甚麼你在重擔下歎息？
在我被撕裂的身軀，
公義所需的贖價已經付出：
跪下，親吻聖子，
來吧，歡迎，罪人，來吧……

不久，生命的日子就會完結——
看啊，我來了——你的救主，朋友！
你平安的靈傳遞
到無盡之日的境界，
上達我永恆的家——
來吧，歡迎！罪人，來吧！

霍伊斯 (Thomas Haweis)

奮進

腓立比書二章8節
既有人的樣子，就自己卑微，存心順服，以至於死，
且死在十字架上。

我們的救主為我們被釘十字架，以致藉著祂的死，祂可以賜我們生命，訓練我們，推動我們堅忍。我朝祂、朝聖父和朝聖靈奮進。我努力，希望被視為忠心，認為自己不配得到世界的好處……在你心裏思想這一切。以熱誠跟隨它們。正如你得到命令那樣，為真理戰鬥至死。因為基督也是「順服」至「死」。使徒保羅說：「弟兄們，你們要謹慎，免得你們中間或有人存著不信的惡心，把永生神離棄了。總要趁著還有今日，天天彼此相勸。」今天代表我們整生。親愛的，如果你這樣生活，便會救自己。你會令我快樂，並永遠榮耀神。

巴西流 (Basil)

救主流血

歌羅西書一章14節
我們在愛子裏得蒙救贖，罪過得以赦免。

唉！我的救主流了血嗎？
我的君王死了嗎？
祂會為好像我這樣的罪人
獻出自己聖潔的頭嗎？

祂在木頭上呻吟，
是為了我所犯的罪嗎？
奇異的憐憫，不明的恩典，
超越等級的愛！

太陽可以隱藏在黑暗中，
將它的榮耀封鎖，
當基督，偉大的創造者，
為祂自己造物的罪受死時。

祂親愛的十字架出現時，
但願我隱藏我的紅臉；
在感恩中融化我的心，
將我雙眼化為淚水。

但哀傷的眼淚永不能償還
我虧欠的愛；
主啊，在這裏我獻出自己，
這就是我能夠做的一切。

華滋 (Isaac Watts)

不能測度的憐憫

歌羅西書一章22節
但如今他藉著基督的肉身受死，叫你們與自己和好，
都成了聖潔，沒有瑕疵，無可責備，
把你們引到自己面前。

我們在十字架的戲劇中，看到的不是三個，而是兩個演員。一方面是我們自己，另一方面是神。不是在自己裏面的神(聖父)，但仍然是神，神在基督裏成為人(聖子)。因此，這些説基督的死是神兒子的死的新約經文是重要的。例如：「神愛世人，甚至將他的獨生子賜給他們」；「他不愛惜自己的兒子」；「藉著神兒子的死，我們與他和好。」因為在賜下祂的兒子時，神是賜下祂自己。這樣，法官自己在聖潔的愛中，扮演無罪的受害人這個角色，因為在祂的兒子裏面，並透過祂的兒子，祂自己承受祂施加的懲罰。正如多爾(Dale)説：「聖父和聖子那奧妙的聯合，令神可以同時忍受和施加作為懲罰的痛苦。」這其中沒有嚴苛的不公，沒有無原則的愛，也沒有基督論的異端；只有不可測度的憐憫。因為為了這樣拯救我們，藉以滿足自己，神透過基督以自己取代我們。

司托德(John R. W. Stott)

釘下救贖

歌羅西書二章13至14節

你們從前在過犯和未受割禮的肉體中死了，神赦免了你們一切過犯，便叫你們與基督一同活過來；又塗抹了在律例上所寫、攻擊我們、有礙於我們的字據，把它撤去，釘在十字架上。

關於基督的十字架，沒有甚麼是偶然的。神的兒子不是突然被人的邪惡所勝，然後被釘到十字架上。剛剛相反，十字架是神的兒子藉以克勝人的邪惡的方法。要取得大衞家的鎖匙，給所有願意進入的人，打開救恩的門，神好像將釘插入確定的地方那樣對待自己的兒子。那是牢固的地方。永恆的地方。

對我們屬靈的耳朵來説，歌羅西書二章13至14節和鎚子的聲音一樣可怕。那裏説我們死在罪中時，神使我們與基督一同活過來……

我永遠都不能完全掌握，人的這些殘暴，怎樣在人的自由意志中產生，而神又利用它們揭示祂完美、神聖的救贖計劃。基督身為完美的人被釘在十字架上。祂在每一方都滿足了律法。當神將祂的兒子好像釘子一樣推到一個牢固的地方時，祂拿了那已寫好的法規，這法規最後在祂兒子中完成，並取消我們所欠的債。隨著鎚子的每一次敲打，神都將救贖釘下。

穆爾 (Beth Moore)

施恩的寶座

希伯來書四章16節
所以，我們只管坦然無懼地來到施恩的寶座前，
為要得憐恤，蒙恩惠，作隨時的幫助。

由於神的身分，以及耶穌基督為我們死時所做的事——將審判的寶座改變為施恩的寶座，我們這些信靠基督的人，要懷著信心來到施恩的寶座面前。如果我們懷著自己的優點來到，我們便完全沒有信心。神的寶座會成為一個可怕的地方。但由於神做了除去審判我們的罪所需的事情，如果我們不懷著信心前來，便是犯罪。如果我們懷著信心前來，便可以知道神會做希伯來書的作者說祂會做的事情，我們便確實能夠「蒙恩惠，作隨時的幫助」。

無論我們有甚麼需要！你尋求罪得赦免嗎？你會找到神的恩典，赦免你所有的罪。你需要力量過每天的生活嗎？你會找到神的恩典提供力量。你因為重大的損失而需要安慰嗎？神會給予安慰。你就一些重大的事情需要指示嗎？你會得到指示。你需要鼓勵嗎？你會得到鼓勵。你需要智慧嗎？你也會得到。

博愛思 (James Montgomery Boice)

透過代替得到滿足

希伯來書七章27節
他不像那些大祭司，每日必須先為自己的罪，後為百姓的罪獻祭；因為他只一次將自己獻上，就把這事成全了。

因此，對基督的死，任何不以「透過代替得到滿足」，實際上是透過神聖的自我代替，得到神聖的滿足這個原則作為中心的解釋，都是我們強烈拒絕的。十字架不是和魔鬼在商業上的討價還價，更不是要欺騙他，設陷阱害他；也不是十足的對等，滿足榮耀法規的交易，或者法律的技術性觀點；亦不是被神強迫順從在祂以上的道德權威，是祂不能夠逃避的；也不是嚴厲和苛刻的天父懲罰溫順的基督；不是充滿愛的基督從吝嗇和勉強的天父那裏取得救恩；不是天父繞過基督作為中保的行動。而是公義、慈愛的天父謙卑下來，在祂的獨子裏面，並透過祂的獨子，成了肉身，為我們成為罪和咒詛，藉以在不以自己的品格妥協的情況下救贖我們。「滿足」和「代替」這些神學字眼需要小心定義和守護，但在任何情況下都不能放棄它們。聖經代贖的福音是神藉著以自己代替我們滿足祂自己。

司托德 (John R. W. Stott)

對血的需要

希伯來書九章22節
按著律法，凡物差不多都是用血潔淨的；若不流血，罪就不得赦免了。

你必須被神的計劃拯救。驅使神差派祂兒子來拯救我們，流出祂的血的是愛。那就是那個計劃。如果沒有那血，你還有甚麼盼望？從你童年開始——從你的搖籃開始——到現在，沒有一種罪可以得到赦免，除非藉著那血。讓我們接受神的話：「若不流血，罪就不得赦免了。」沒有那血，便沒有赦免。我看不到人怎能夠不明白這點。基督正是為此而死；基督死在加略山上正是為此。如果一個人輕視那血，他還有甚麼盼望？你可以怎樣進入神的國？如果你不這樣進入天國，你便不能和眾聖徒一起歌唱……你必須接受救贖的計劃，透過它進入天國。

慕迪（Dwight L. Moody）

那十字架的神聖奧祕

彼得前書二章24節
他被掛在木頭上，親身擔當了我們的罪，使我們既然在罪上死，就得以在義上活。因他受的鞭傷，你們便得了醫治。

啊，那十字架的神聖奧祕！軟弱掛在上面，權力從它那裏釋放出來，邪惡被釘在它上面，得勝的戰利品向它舉起。一位聖徒說：「為了對祢的敬畏，以釘刺穿我的肉體。」他指的不是鐵釘，而是敬畏和信心的釘。因為公義的鎖鏈比懲罰的鎖鏈更有力。彼得的信心，在他跟隨主到大祭司的院子時束縛著他。沒有人捆綁他，懲罰也沒有給他自由，因為他的信心束縛著他。再次，當彼得被猶太人捆綁時，禱告給他自由。懲罰沒有抓著他，因為他沒有背棄基督。

你也將罪釘死，以致可以向罪死嗎？那些向罪死的人，向神卻是活的。你是否為了甚至不愛惜自己的兒子，將我們的罪釘在祂身上的那一位而活？因為基督為我們死，我們可以在祂復活的身體裏面活。因此，我們的罪，而不是我們的生命，死在祂裏面。聖經說祂「掛在木頭上，親身擔當了我們的罪，使我們既然在罪上死，就得以在義上活。因他受的鞭傷，你們便得了醫治」。

安波羅修（Ambrose）

重擔除去了

彼得前書二章24節
他被掛在木頭上，親身擔當了我們的罪，使我們既然在罪上死，就得以在義上活。因他受的鞭傷，你們便得了醫治。

然後我在夢中看到，基督徒進一步問他。他能否幫助基督徒除去他背上的重擔。因為他仍然不能夠除去那重擔，沒有人幫助，他也絕對不能夠這樣做。

他告訴基督徒：「至於你的重擔，滿足於背負它吧，直到你到達解救之處；因為在那裏，那重擔會自行從你背上卸下。」……

現在我在夢中看見基督徒要去的公路，那裏兩旁都圍有稱為救恩的牆壁。因此，背負重擔的基督徒沿著這裏跑，但由於背上的重擔，他有很大的困難。

他這樣跑，直到他來到一個上升的地方，在那裏豎立了一個十字架，稍為低一點，在底部有一個墳墓。在夢中我看到，正當基督徒來到那個十字架前面時，他的重擔從他背部鬆脱，掉下來，開始滾動，直到它來到墳墓的入口，掉進去後，我便再看不到它。

本仁 (John Bunyan)

那通道

啟示錄十三章8節
從創世以來……被殺之羔羊。

耶穌的十字架是神審判罪的啟示。永不要容忍耶穌基督的十字架是殉道這個觀念。十字架是至高的勝利，在其中地獄的根基被搖動。在時間或永恆中，沒有甚麼比耶穌基督在十字架上所做的事更確定：祂將整個人類帶回與神的正確關係中……

十字架並非**發生**在耶穌身上：祂故意為此而來。祂是「從創世以來……被殺之羔羊」。道成肉身的整個意義就是十字架……

十字架展示神的本性，人類中任何人都可以藉著這通道進入與神的聯合。我們來到十字架時，並不是穿過它；我們謹守的生命，是以十字架為通道。

救恩的中心是耶穌的十字架，救恩那麼容易得到，是因為神需要付出那麼大的代價。十字架是神和有罪的人以碰撞聯合的一點，生命的路打開了——但那碰撞在神心裏。

章伯斯 (Oswald Chambers)

六小時

馬可福音十五章42節
到了晚上，因為這是預備日，就是安息日的前一日。

在一個星期五的六小時。在人類歷史的平原中，這六小時好像珠穆朗瑪峯那樣高聳。這六小時被人破解、分析和辯論了兩千年。

這六小時象徵甚麼？它們宣稱是時間中的門，永恆通過它們進入人類最黑暗的洞穴。它們標誌著那些時刻——領航員下降到最深的海，為跟隨的人留下拋錨點。

那個星期五有甚麼意義？

對被失敗破壞的生命，那個星期五表示赦免。

對被無益割傷的心，那個星期五表示目的。

對在死亡的隧道這邊向裏面看的靈魂，那個星期五表示釋放。

六小時。一個星期五。

你怎樣對待那個星期五那六小時？

路卡杜 (Max Lucado)

耶穌在十字架上說話

「成了！」

約翰福音十九章30節

耶穌在十字架上説話

釘十字架是孤單、痛苦、可怕的死亡方式。這個方法一定是在地獄設計的。它……慢慢，並以痛苦殺人。事實上，它往往延長生命，比能夠感覺到痛苦的時間更長。受害人會感到震驚，僅僅生存著，不自覺地呼吸。在這個時刻，行刑者有一種有效的做法。他們打斷受刑者的腳骨，令他們很快死去。

在這段難以忍受的痛苦時刻，耶穌説了幾句話。他的話很簡短。釘十字架對身體的某些影響，令人不能夠説出長篇的話。呼吸也很困難。和耶穌一起被釘的人很快便沒有説話。但祂有一些重要的話要説。

大部分人都同意，一個人在永恆門外説的話特別值得留意——耶穌在十字架説出的遺言更重要得多。祂説了七次話。我們會逐一思想這些話。

站在十字架旁

路加福音二十三章35節
百姓站在那裏觀看。

你看著十字架時站在哪裏？耶穌最後幾小時對我們想像力的影響，有賴我們的視角。我們是懷著嘲笑和懷疑接近十字架，還是以謙卑的崇敬和感激來到它的基底？我們是懷著恐懼或沮喪站在後面，和那些從主那裏期望某件事情，但卻得到他們不大明白的事情的人一樣，感到不可置信？還是懷著敬畏站在後面，繼續因為神兒子受苦的意義而感到驚訝？

刻意改變我們觀看的位置，可以改變和改進我們對十字架的理解。走近或退後，有助我們以新的眼光看十字架。向我們想像力開放的一個面向，將我們放在十字架上面，從神的角度看那些事件和人羣。例如：我們留意到，耶穌的話以同心圓的方式向外移動，從祂腳旁的士兵開始，向外移向終點線。改變你的位置，便會改變你對十字架的看法。這就是至關重要的默想和崇拜。

威爾遜(Neil Wilson)

原諒你的敵人

路加福音二十三章34節
「父啊！赦免他們；因為他們所做的，他們不曉得。」

我們必須記得正確信仰的價值。我知道基督為我背負我的疾病，屈從於我的欲望，對我是有益的。祂為我——也就是為每一個人——成為罪和咒詛。祂為我謙卑下來，成為僕人。祂為我成為那羔羊、那葡萄樹、那磐石、那僕人和侍女的兒子。祂不知道那審判日，但為了我的緣故，祂不知道那日子和那時辰……這是多麼榮耀的解救——在基督裏得安慰！因為祂為了我們，以極大的忍耐承受這些事情——我們以平凡的忍耐，肯定不能夠單為了祂名的榮耀而承受它們！看到即使在十字架上時，基督仍然為迫害祂的人禱告，誰不會學懂饒恕自己的敵人？你看不到基督的軟弱就是你的力量嗎？那麼，你為甚麼問祂關於我們的解救？祂的眼淚洗淨我們，祂的哭泣清洗我們……但如果你開始懷疑，你便會沮喪。因為侮辱愈大，所欠的感激也愈大。

安波羅修 (Ambrose)

為敵人禱告

路加福音二十三章34節
「父啊！赦免他們；因為他們所做的，他們不曉得。」

甚麼是愛的完美？甚至愛我們的敵人，而且愛他們，以致他們也可以成為基督徒。因為愛不應該屬乎世俗。希望別人得到暫時、身體上的安好是好的。但當這樣失敗時，盼望他們的靈魂安全吧。你想你的朋友得生命嗎？你做得好。敵人死亡時你感到高興嗎？你做了邪惡的事。不過，甚至你希望朋友得到的生命，對他們也可能沒有好處。你因為敵人的死亡而高興，那死亡對他們卻可能是好的。對某些人來說，今生是否有益是不確定的；但毫無疑問，與神一起的生命一定是有益的。所以，要愛你的敵人，希望他們成為基督徒。愛你的敵人，讓他們可以與你團契。因為基督這樣愛，掛在十字架上時，祂說：「父啊！赦免他們；因為他們所做的，他們不曉得。」祂沒有說：「父啊！讓他們長壽。即使他們殺我，也讓他們活著。」祂藉著祂充滿憐憫的禱告，和祂超越的力量，從他們那裏除去永恆的死亡……因此，如果你學懂為你的敵人禱告，便是走在主的路上。

奧古斯丁（Augustine）

記念祂

路加福音二十三章34節
「父啊！赦免他們；因為他們所做的，他們不曉得。」

你聽過一個侮辱，好像風一樣。你好像海浪。風吹時，波濤洶湧，船便有危險，心便處於危難中，心裏七上八落。你被侮辱時，渴望報復。但如果你報了仇，因為對方的痛苦而快樂，你的船便沉沒了。為甚麼這樣？因為基督在你裏面沉睡了。基督在你裏面沉睡了是甚麼意思？是你忘記了基督。那麼喚醒祂吧。記起基督，讓祂在你裏面醒來。留意祂。你想要甚麼？報復。你忘記了基督被釘十字架時，說：「父啊！赦免他們；因為他們所做的，他們不曉得」嗎？在你心裏睡覺的那一位不想報復。那麼喚醒祂吧。記得祂。透過祂的話記得祂，因為祂命令我們記念祂。那麼，如果基督在你裏面醒來，你會說：「我想報復，我是怎樣的人？我威脅別人，我究竟是誰？我可能在報復前死去……因此，我會控制我的怒氣，回復平靜的心。」因為當基督命令大海時，便恢復了平靜。

奧古斯丁 (Augustine)

這樣的愛

路加福音二十三章34節
「父啊！赦免他們；因為他們所做的，他們不曉得。」

圍繞十字架的所有情景中，這一幕令我最憤怒：我問自己，甚麼人會嘲笑一個垂死的人？……

那天拋出的話是要傷害人。而沒有甚麼比要傷害人的話令人更痛苦……

但我不是告訴你任何新事物。毫無疑問，你也受過言語傷害。你感受到瞄得準的嘲諷是多麼尖銳。或許你現在仍然感受得到。你愛或尊重的人以誹謗或一時失言將你推在地上。你躺在那裏，受傷流血。或許那些話是要傷害你，或許不是；但那已無關重要。那傷口很深……

你看到耶穌沒有做甚麼嗎？祂沒有報復……

你看到耶穌做甚麼嗎？……祂……為他們辯護。祂說：「父啊！赦免他們；因為他們所做的，他們不曉得。」……

我從沒有、從沒有見過這樣的愛。

路卡杜 (Max Lucado)

成肉身的赦免

路加福音二十三章34節
「赦免他們……」

十字架向天傾斜，然後滑進那磨損的洞，在有很多岩石、稱為加略山的前部。那震動將火傳向剛被刺透的手腳。當士兵在石頭和木頭之間擠入楔子，令十字架豎起時，有進一步的痛苦。

耶穌以祂的第一口氣，說出我們認為在那環境下不能夠相信的話，聽到那些話用到我們身上時，我們也感到難以置信。不過，那些話不應該令我們感到驚訝。耶穌總是透過饒恕的眼睛觀看。面對被絕望的朋友從屋頂掉下來的跛子，耶穌以饒恕回應，給予最深的醫治。和祂一起被釘十字架的人無助、謙卑地向祂發出「記念我」的請求時，耶穌以肯定的赦免回答。耶穌是神成肉身的赦免。祂怎能不赦免，並祈求祂的父赦免那些無心地幫助祂實現赦免的人？

威爾遜(Neil Wilson)

你的價值

路加福音二十三章43節
「我實在告訴你，今日你要同我在樂園裏了。」

為甚麼耶穌那樣做？祂應許這個亡命之徒在筵席上有尊貴的位置，究竟可以有甚麼得益？這騙人的內奸究竟可以給祂甚麼作為回報？……甚麼也沒有！

這就是要點。留心細聽。耶穌的愛並不倚賴我們為祂做甚麼。完全不是這樣。在這位君王眼中，你有價值，只是因為你是你。你毋須有好看的外表，也毋須做得好。你的價值是與生俱來的。

就是這樣。

花一分鐘想一想這點。你有價值只是因為你存在。不是因為你現在做甚麼，或者你做了甚麼，而只是因為你是你。記著這點。下次你在別人野心的汽船航迹裏擺動時，記著這點。下次有騙子試圖在你的自我價值上掛上一塊廉價的價錢牌時，記著這點。下次有人試圖將你當為廉價物品般忽視你時，只需要想到耶穌怎樣尊重你……然後微笑。

路卡杜 (Max Lucado)

樂園的盼望

路加福音二十三章43節

耶穌對他說：「我實在告訴你，今日你要同我在樂園裏了。」

釘十字架後是甚麼？樂園！與神忠心的兒女，與那些相信的人，那些堅忍的人，那些「將起初確實的信心堅持到底」(來三14) 的人團契。耶穌在十字架上的第二句話，是向一個和祂一起被釘十字架的罪犯發出的應許。「耶穌對他說：『我實在告訴你，今日你要同我在樂園裏了。』」(路二十三43)。

一切苦難都有結束之時。對那些相信耶穌的人來說，苦難有始也有終。它不會延續到永遠，因為它由那阿拉法和俄梅戛控制。每個信徒的終結都是樂園，而樂園屬於神。它是那些得勝的人的賞賜：「得勝的，我必將神樂園中生命樹的果子賜給他吃。」(啟二7) 這不是很美麗嗎？

在苦難中我們需要甚麼？盼望！那榮耀、生命、與耶穌團契的盼望！我們被掛在那裏受苦時，需要向別人傳遞甚麼？我們需要傳遞天堂這個確定的盼望的真實和榮耀。

歐凱利 (Kay Arthur)

今日

路加福音二十三章43節
耶穌對他說：「我實在告訴你，今日你要同我在樂園裏了。」

我們很少人會預早知道，自己會在哪一天從時間進入永恆。十字架上的強盜得到這份特權，以及一份大得無限多的禮物，可以到他完全想不到的目的地——樂園。雖然臨死歸信不是常態，也不應該是我們的計劃，但耶穌的保證至少提出一個大問題：那個強盜怎樣由一個正走向與神永遠分隔的路的罪人，轉化為註定與神有永恆團契的旅人？他做了甚麼，以致可以得救？

對習慣了相當準確和慎重(甚至是事先準備好)的救恩辭彙的耳朵來說，那個強盜的話聽起來可能不夠複雜，也不完整：「耶穌啊，你得國降臨的時候，求你記念我！」這和傳統的「罪人禱告」完全不同。不過耶穌接納這是悔改和信心。那個人承認自己有罪的狀況，和耶穌是君王這個獨特的身分。他沒有假設自己得到赦免；而是提出請求。耶穌以全心的君王赦免作為回應。主將這個罪人的永恆懲罰的判刑，減緩為他即將來臨的死亡。進一步的交往可以留待在樂園進行。

威爾遜(Neil Wilson)

這是你的兒子

約翰福音十九章26節
耶穌見母親和他所愛的那門徒站在旁邊，就對他母親說：「母親，看，你的兒子！」

耶穌在臨死時轉向這位敬虔的母親。祂最後想到的是她，不是想得到她安慰，就好像祂年幼時，她經常做那樣。祂想到的是她的痛苦，以及祂離去後她的將來。祂的心是血肉的心，祂俠義的男子氣概不容許祂忘記將祂帶到世界的那一位。因此，「從十字架的講壇，耶穌向所有世代宣講第五條誡命」……

在那可怕的時刻，耶穌忍受著一切時，祂想到她，祂童年和少年時代的監護人，將她作為一份不可估量的愛的遺產，交給他十分喜愛的約翰。那命令是要安慰痛苦中的寡婦，而馬利亞站在十字架旁時，正十分痛苦——或許她是家中惟一看到她兒子死去的人，祂為她將來的保障作出各種安排時，她一定大得安慰。那愛藉著十字架提供救贖，也沒有忽略喪子的寡母的物質需要。

駱其雅 (Herbert Lockyer)

甚麼樣的神？

約翰福音十九章26至27節
耶穌見母親和他所愛的那門徒站在旁邊，就對他母親說：「母親，看，你的兒子！」又對那門徒說：「看，你的母親！」從此，那門徒就接她到自己家裏去了。

馬利亞現在年紀比較大。她已經兩鬢斑白。她年青的肌膚已經被皺紋取代。她雙手已經變硬。她養大了一羣兒女。現在她看著她的長子被釘十字架……

問題：甚麼樣的神會令人經歷這種痛苦？甚麼樣的神會給你家庭，然後要你離開家人？甚麼樣的神會給你朋友，然後要你向他們道別？

答案：知道最深的愛不是建基於激情和浪漫，而是建基於共同的使命和犧牲的神。

答案：知道我們只是客旅，永恆是那麼近，以致任何「再見」實際上都只是「明天再見」的神。

答案：自己這樣做的神。

約翰將手臂稍為緊一點地圍繞著馬利亞。耶穌要求他成為一個母親需要的兒子，而那在某些方面是他未曾做過的。

耶穌看著馬利亞。祂的痛來自比釘和荊棘劇烈得多的痛楚。在他們沉默的注視中，他們再次分享一個祕密。而祂說出再見。

路卡杜 (Max Lucado)

照顧她

約翰福音十九章26至27節

「母親(原文是婦人)，看，你的兒子！」……「看，你的母親！」

耶穌和祂母親一定有很多有趣的談話，但我們只知道其中三次。每一次這些交流都涉及他們獨特的關係——祂身為神的永恆兒子，而她則身為神的母親。可以理解的是，他們的交往是複雜的。

在路加福音二章49節(編按：原文為50節)，耶穌溫柔地糾正馬利亞狂熱地宣告她的關心，提醒她：「豈不知我應當在我父的家裏嗎？」耶穌在迦拿的婚禮行第一個神蹟前(約二1～12)，馬利亞向耶穌表達一個主要關注：「他們沒有酒了。」耶穌的回應提醒祂母親，她的優先次序不一定和祂一樣。她的同意讓祂有自由行動。

耶穌在生命最後的任務中，注意到要讓母親得到照顧。祂將馬利亞和約翰互相交託給對方，使他們成為母親和兒子。「婦人」這個詞有分離的憂愁色調，強調耶穌充滿愛地將自己母親對祂的維護轉向對約翰，約翰也是祂特別喜愛的人。耶穌身為彌賽亞的職事普遍有效，在祂怎樣接受真實生活平凡、屬人和必須的責任中得到令人喜悅的肯定。祂的神性透過無可比擬的人性清楚地閃耀。

威爾遜(Neil Wilson)

信徒的家庭

約翰福音十九章26至27節
耶穌見母親和他所愛的那門徒站在旁邊，就對他母親說：「母親，看，你的兒子！」又對那門徒說：「看，你的母親！」從此，那門徒就接她到自己家裏去了。

我們的主強調人類的家庭，但更強調神的屬靈家庭。真實和永久的關係不是肉身的，而是靈性的。雖然地上的關係很美妙，但神的兒女之間有更親密的關係。約翰身為信徒，比耶穌不信的兄弟姊妹更適合照顧祂母親。

耶穌帶來信徒之間的兄弟關係。祂創造了一個新社會，是不受種族、國籍分隔，也不取決於社會地位或經濟能力的。這個社會包含那些信心在十字架相遇，而且赦罪的經驗從那裏流出的人。耶穌將自己母親交到一個弟兄手中。在各各他那可怕的一天，基督號召信仰家庭中的一個弟兄照顧有需要的人。這仍然是祂給神家庭裏成員的呼召的一部分。

耶利米 (David Jeremiah)

被離棄

馬太福音二十七章46節

約在申初，耶穌大聲喊著說：「以利！以利！拉馬撒巴各大尼？」就是說：「我的神！我的神！為甚麼離棄我？」

登上那可怕的木頭，
神的羔羊，我看到祢的哀傷。
黑暗遮蓋祢痛苦的臉容；
沒有人能夠追溯它那些悲傷的線條。
沒有人能夠說出甚麼不知名的劇痛
令祢沉默和孤獨。

在那可怕的三小時中沉默，
和邪惡的力量搏鬥，
被單獨留下伴隨著世人的罪，
祢周圍和裏面都昏暗，
直到那指定的時間臨近，
直到神的羔羊可以死去。

聽啊，那呼叫高聲響起
向上穿越覆蓋著的雲！
祢，天父的獨子，
祢，祂自己的受膏者，
祢正在問：「能這樣嗎？」
「為甚麼祢離棄我？」

埃勒頓 (John Ellerton)

我們不致被離棄

馬可福音十五章34節
申初的時候，耶穌大聲喊著說：「以羅伊！以羅伊！拉馬撒巴各大尼？」(翻出來就是：我的神！我的神！為甚麼離棄我？)

神離棄了耶穌。那不是祂的想像！神真的離棄了祂的兒子，讓祂在罪可怕的死亡的劇痛中。耶穌沒有辦法；祂沒有幫助。在那無法解釋的可怕時刻，聖父和聖靈與聖子疏遠……

那呼喊在一千年前已經被記錄下來，祂的痛苦在詩篇二十二篇由詩人預知地記下。由那道寫下，並被那成了肉身的道閱讀過無數次！現在它實現了，向聖父的耳朵呼喊，而聖父需要懲罰罪，因為不認識罪的那一位，此刻為我們成為罪……

那時刻來了，那命運的永恆時間。以前從沒有，以後也不會再有這樣的時間，聖父和聖靈為了人類而離棄聖子，人類大部分時間可以不那麼受關心的！不過，祂這樣做，讓我們這些已死、遠離神的人，可以活著，並不再被祂離棄。

歐凱利 (Kay Arthur)

完全合資格

馬可福音十五章34節
為甚麼離棄我？

耶穌「因所受的苦難學了順從」，正如希伯來書的作者說，意思是藉著祂的苦難，祂學懂全心順服祂的父的代價。祂接受十字架給祂順服作為冠冕，祂在這完全獻身的行動最討神喜悅；不過這並不消除祂經歷被神離棄的事實。但這事實令祂更能夠成為自己百姓的解放者和支持者。祂不是來自另一個世界的訪客，避免過多牽涉入我們這個世界；祂完全投入人類的命運。人類認識的被遺棄，是祂也深入地經歷過的；藉著這個方法，祂「使之完全」——也就是說，完全有資格在祂百姓最極端的需要中作同情他們的幫助者。如果他們想向神呼喊：「你為甚麼離棄我？」，他們可以想到這是祂的呼喊。他們從深淵向神呼喊時，那位在受難節從深淵呼喊的，會明白他們的感受。但有一個分別：祂現在與他們同在，堅固他們——但當時沒有人在場堅固祂。

布魯斯 (F. F. Bruce)

我們毋須說的話

馬太福音二十七章46節

約在申初，耶穌大聲喊著說：「以利！以利！拉馬撒巴各大尼？」就是說：「我的神！我的神！為甚麼離棄我？」

耶穌在十字架上說的第一和最後一句話，都以同一個字開始——父。這和在十字架的危機中這低下的中心點形成多麼強烈的對比。耶穌在那裏背負人的罪時，經歷了與神分離的全部深度和距離。祂是完全的人，從神撤離那包含一切的黑暗中呼喊。在那一刻，祂沒有稱神為父，而只是稱祂為「我的神，我的神」。耶穌認同和代替人，達到毀滅性的高潮。

那意義令福音書的作者窒息和謙卑，他們似乎被迫以耶穌的本地方言記錄那些話，彷彿亞蘭文在傳遞主的被棄時特別恰當。這句話是那麼寶貴，以致我們值得在明白它之前先聆聽和感受它。作者也加上一個翻譯。

但那天聚集、懷著敵意觀看的人羣卻誤解了那句話。逾越節時耶路撒冷在語言方面的多樣化，令人們低聲發出猜測，估計耶穌可能呼喚以利亞幫助祂。這個混雜的反應完全錯誤。現在我們知道，耶穌喊出這些話，以致我們永遠都不用說出這些話。

威爾遜(Neil Wilson)

神不能觀看

詩篇二十二篇1節

我的神，我的神！為甚麼離棄我？為甚麼遠離不救我？不聽我唉哼的言語？

耶穌掛在那裏，染滿血，浸透汗，背負著罪時，天父拒絕看祂的兒子。為甚麼？基督背負著墮落的人曾經做過，以及將會做的每一件可恥、丟臉的壞事。祂的身體和靈魂完全浸沒在人的劣行中。祂背負亞當的不順從，該隱的殺人行為，大衛的姦淫，以及大掃的掃羅對基督徒的謀殺。祂背負從歷史開始以來，人們犯的每一種罪，以及直到世界被火瓦解時，人們會犯的每一種罪……

在歷史的記載中，從沒有那麼多罪在同一時間被背負，而且全都由無罪的那一位背負。一切都在無罪、聖潔的神人、基督耶穌身上，正因為這樣，天父在基督取代我們的位置時，不聽祂兒子的聲音(參詩二十二1)。神不能看那景象。真的，是我們的罪，我們的邪惡，我們的過犯，我們的罪惡，我們的劣行，令神的臉轉離那令人心碎的事件。

因佩 (Jack Van Impe)

祂明白我們的感受

約翰福音十九章28節

這事以後，耶穌知道各樣的事已經成了，為要使經上的話應驗，就說：「我渴了。」

正好在合適的時間，我們得到提醒，我們向祂祈禱的那一位明白我們的感受。祂明白試探。祂曾經感到失望。祂曾經飢餓、渴睡和疲倦。祂明白鬧鐘響起時，我們有甚麼感受。祂明白我們的孩子在同一時間想得到不同的東西時，我們有甚麼感受。我們在憤怒中禱告時，祂體諒地點頭。我們告訴祂，有太多事情要做，不可能完成時，祂受到感動。我們承認自己疲倦時，祂微笑……

「我渴了。」……

祂希望我們記得祂也曾經是人。祂希望我們知道，祂也明白漫長的日子裏的單調和疲累是多麼乏味。祂希望我們記得，我們的先驅沒有穿避彈衣或膠手套或不能穿透的盔甲。不，祂透過你和我每天面對的世界，作我們救恩的先驅。

祂是萬王之王，萬主之主，生命的道。祂比任何時候都更是晨星，救恩的角，和平之君。

但有些時候，我們記得神成了肉身，住在我們中間時，會得到恢復。我們的主明白成為被釘十字架的木匠，感到口渴是甚麼意思。

路卡杜 (Max Lucado)

口渴

約翰福音十九章28節
這事以後，耶穌知道各樣的事已經成了，為要使經上的話應驗，就說：「我渴了。」

救恩工作的物質層面現在已經完成。耶穌代替我們經歷了神和人因為罪而有的完全分離。餘下的只是藉著死亡，最終戰勝死亡。耶穌表達祂目前的情況，沒有期望得到釋放。祂只是說出祂感到筋疲力盡和口渴這個事實。那句話很可能是憂愁地說出。祂的身體只能夠勉強支撐在祂裏面燃燒的生命。觸碰祂口唇的潮濕海綿，只是給祂力量說出最後兩句話。

耶穌以特別的方式在十字架上經歷第四福的真理。那福描述那些「飢渴慕義的人」會到甚麼地方。耶穌忍受那口渴，在那一刻，祂乾燥、腫脹的舌頭和祂乾透的喉嚨都是真實和令人懾服的。以這個字的每一個意思，祂知道自己快要得到滿足了。

威爾遜 (Neil Wilson)

成了

約翰福音十九章30節
耶穌嘗了那醋，就說：「成了！」便低下頭，
將靈魂交付神了。

基督使用的這個詞，十分值得我們留意；因為它顯示我們的救恩完全實現了；而其中的所有部分，都包含在祂的死中。祂的復活和祂的死是分不開的，但基督只想我們的信心單固定在祂身上，不容許它向任何方向轉。因此，那意義是，對人的救恩有幫助的一切，都應該在基督裏，而不是任何其他地方找到——或者(也是同一件事)救恩的完成包含在祂裏面。這裏也有一個隱含的對比，因為基督將自己的死與古代的獻祭及它的所有象徵作對比。彷彿祂說過：「在律法以下實行的一切，沒有甚麼本身有能力為罪代贖，平息神的憤怒，並得到稱義；但現在真正的救恩向世界展示及顯明。」

加爾文(John Calvin)

神聖的命令

約翰福音十九章30節
耶穌嘗了那醋，就說：「成了！」便低下頭，
將靈魂交付神了。

耶穌基督的死是在歷史中實現神的心意和意圖。我們不能夠視耶穌基督為殉道者。祂的死不是發生**在**祂身上的事情——一些可以被阻止的事情。祂的死是祂來到世上的原因。

永遠都不要將你得蒙赦免，建基於神是我們的父，因為祂愛我們，所以會赦免我們這個觀念上。這與神在耶穌基督裏啟示出來的真理有抵觸，令十字架變得多餘，救贖變成「無事生非」。神赦罪只是因為基督的死。除了藉著神兒子的死外，神不能夠赦免人。耶穌被高舉為救主，是因為祂的死……在驚愕的宇宙耳中響起的最偉大音符，是十字架上基督的話——「成了！」(約十九30) 那是人類救贖中的最後一句話……

耶穌基督因為神的命令而為我們成為咒詛。我們在明白祂的咒詛有甚麼意義方面的本分是確定罪。把確定賜給我們，作為羞恥和悔罪的禮物；它是神的大憐憫。耶穌基督憎恨人裏面的罪，而加略山就是祂憎恨的分量。

章伯斯 (Oswald Chambers)

完全償還

約翰福音十九章30節
耶穌嘗了那醋，就說：「成了！」便低下頭，
將靈魂交付神了。

基督犧牲後，不再需要流血。祂「並且不用山羊和牛犢的血，乃用自己的血，只一次進入聖所，成了永遠贖罪的事」(來九12)。

神的兒子成了神的羔羊，十字架成了祭壇，我們則「靠耶穌基督，只一次獻上他的身體，就得以成聖」(來十10)。

需要償付的都償付了。需要做的都做了。需要無辜的血。無辜的血只一次獻上。將這五個字深深埋在你心中吧——**只一次獻上**。

路卡杜 (Max Lucado)

得勝的呼喊

約翰福音十九章30節
「成了！」

希伯來書的作者在十一章列出那些偉大信心的榜樣後，突然轉換範式，將這些信心偉人變為「一大羣見證人」，在歷史的大看台上觀看（來十二1）。現在聚光燈轉向「我們」這些準備賽跑的人。我們怎樣跑？「仰望為我們信心創始成終的耶穌」（十二2）。作者繼續描述耶穌在十字架上的工作：「他因那擺在前面的喜樂，就輕看羞辱，忍受了十字架的苦難」（十二2）。

看到終點或者想像完成了的努力，只讓我們預嘗完成的那一刻。耶穌得勝的呼喊在創造中回響，永遠將邪惡的統治逆轉過來。祂的工作完成了；祂的目標達到了；祂的挑戰得到應付；祂的目的實現了；祂偉大的戰爭勝利了。我們對自己的救恩不能夠加添甚麼，不單是因為我們沒有這種能力，也是因為祂已經宣告救恩已經完成——成了！

威爾遜（Neil Wilson）

祂斷氣了

路加福音二十三章46節
耶穌大聲喊著說：「父啊！我將我的靈魂交在你手裏。」說了這話，氣就斷了。

祂的死是不同的。那是得勝的死亡。祂帶著自己的戰利品。那是替代的死亡。除了祂身為罪人的代表外，那死對祂本人沒有任何權利。祂為人實行人的死亡。那是自願的死。沒有人取去祂的生命；祂自己捨去這生命。那紀錄清楚表明，祂高聲呼喊，然後斷了氣。祂沒有在軟弱中向死亡屈服；祂號召死亡來事奉祂！受感動的作者沒有說：「他死了」，而是說：「他氣就斷了。」這是重要的。也就是說：「祂呼出自己的生命」，清楚表明那行動的自願性質……

十字架上的先知說「父啊！我將我的靈魂交在你手裏」時，是說出**安穩**的語言。因為除了將一切交付神手中外，不會有安穩。最清楚說明這點的是十字架。

神手中的空間的保障是每顆心都渴望的安全。它蔑視咒詛、釘十字架和十字架。而耶穌在呼出自己的生命前，宣告這個事實。

拉塞爾 · 瓊斯 (Russell Bradley Jones)

終點線

路加福音二十三章46節
耶穌大聲喊著說：「父啊！我將我的靈魂交在你手裏。」
說了這話，氣就斷了。

死亡的一刻代表控制的最終失去。直到呼出這最後的禱告的那一刻，耶穌都積極實行神為了拯救人類而設計的計劃。跨過終點線時，耶穌將自己交託給天父，讓天父使祂復活，恢復祂的神聖地位。祂以前倒空了自己(參腓二7)，藉以成為完全的人。祂容許天父將祂放在人類中，成為細小、無助的嬰孩。祂實行了祂對人類的使命的所有含意，直到十字架，也包括十字架(腓二8)。現在祂再次將自己交託給天父。

歷代的信徒都由基督自己帶領，將死得好的規定定得很高。有甚麼比在臨死的一刻，或者在死前很久，我們可以向家人或朋友宣告，我們希望將自己的靈魂交由天父的手保管，更能夠表達信心和信仰？耶穌有信心地以這個宣告入侵死亡。我們這些信靠祂的人能夠做得比祂少嗎？

威爾遜 (Neil Wilson)

時候到時

路加福音二十三章46節
耶穌大聲喊著說：「父啊！我將我的靈魂交在你手裏。」
說了這話，氣就斷了。

即使在懷著最後一口氣時，耶穌仍然是君王。說沒有人可以取去祂生命的那一位，在預定的時間，以預定的方式死去。在舊約，宰殺逾越節羔羊的具體時間是「黃昏之間」，根據猶太傳統，這是下午三時和黃昏六時之間……耶穌正好在逾越節羔羊被殺的那天被釘十字架（約十八28）。在下午三時，祂發出最後的呼喊，完成自己身為「神的羔羊，除去世人罪孽」（約一29）的工作……

耶穌根據神聖護佑的目的，而不是懦弱的人的奇想而死去。這樣，你和我也會死去，但不是根據癌症的旨意，不是根據在公路飛馳的醉漢的旨意，也不是根據痛苦的疾病的旨意。我們會在神護佑的照顧那恩手之下死去。我們會根據神的時鐘，而不是隨意的命運的時間表，穿過那幔子。

呂德夏（Erwin Lutzer）

祂愛的深度

馬可福音十五章37節
耶穌大聲喊叫，氣就斷了。

我椅子下幾百尺是一個湖，一個結晶的水的地下洞穴，稱為愛德華滋地下儲水層。我們這些德州南部的人對這地下儲水層有很深的認識。我們知道它有多長(175里)。我們知道它的佔地(從西到東，除了在聖安東尼奧〔San Antonio〕下面，在那裏它從北向南伸展)……但雖然我們知道很多關於它的事情，有一件事是我們不知道的。我們不知道它有多大。那洞穴的深度？那是一個奧祕。有多少加侖？沒有量度過。沒有人知道那地下儲水層有多少水……我們使用它，倚靠它，如果沒有它，便會滅亡，但至於量度它，我們卻做不到……

誰曾量度過神的愛有多深？只有神曾經這樣做。祂發出邀請：「想看我的愛有多大嗎？走上耶路撒冷外那條曲折的路。跟隨那些血迹走，直到你走到山頂。抬頭看前，停下來聽我低聲說：『我就是這麼愛你。』」

祂背部的肌肉被鞭打傷。祂臉上流著血。祂雙眼和嘴唇都腫了，緊閉著。痛楚好像野火一樣強烈。祂沉下，藉以減輕雙腿的痛楚時，祂的導氣管卻關閉。在幾乎窒息時，祂將被刺傷的肌肉推向鐵釘，在十字架上稍微向上升。祂這樣做了幾小時。痛苦地上下移動，直到祂的力氣和我們的疑惑都消失。

神愛你嗎？看那十字架，並看你的回答。

路卡杜(Max Lucado)

耶穌從死裏復活

「為甚麼在死人中找活人呢？他不在這裏，

已經復活了。」

路加福音二十四章5至6節

耶穌從死裏復活

大石從耶穌的墳墓口滾開，只有一個目的：讓人看到墳墓是空的。耶穌已經離開了那裏。大石、木頭、磚石建築再不能限制祂。那些來尊崇祂身體的人經歷到敬拜活著的祂的震驚和喜樂。祂實在已經復活了。

耶穌基督身體復活是基督教的基礎，也是歷史的關鍵事件。如果那墳墓不是空的，你的墳墓也不會是空的。耶穌在十字架上受死前所說和所做的一切，都令祂在歷代所有宗教創立者中顯得很特別。但祂從死人中復活卻令祂和所有人都不同。

那個墳墓仍然是空的。我們相信甚麼都不會改變它的狀況。但關於使墳墓變空的那一位，我們相信甚麼，卻對我們今生和來生都帶來重大分別。閱讀以下的文章時，容許自己再次經歷復活主日的奇妙。

星期六

約翰福音十九章42節
只因是猶太人的預備日，又因那墳墓近，他們就把耶穌安放在那裏。

經過……星期五和星期日的門徒，明白當神似乎最不在場時，卻可能是祂最親近的時候；當神似乎是最軟弱時，卻可能是祂最有能力的時候；當神似乎死得最徹底時，卻可能重獲生命。他們學懂永遠都不要認為神失敗……

受難日的星期五和復活節的主日可能是教會年曆中最重要的日子。不過，實際上，我們在期間的星期六生活。我們可以相信，神可以從包括波斯尼亞(Bosnia)和盧旺達(Rwanda)，以及在世上最富有的國家市中心的貧民區的世界中，製造一些聖潔和美麗的好東西嗎？人類歷史在應許和實現之間的時間緩慢地繼續下去。在地球是星期六；主日會來到嗎？

或許正因為這樣，福音書的作者講述耶穌最後一星期生活所用的篇幅，比講述祂復活後幾個星期的生活多很多。他們知道接著的歷史往往和期間的星期六相似，多於和歡慶的主日相似。記得在宇宙的戲劇中，我們在星期六這個沒有名字的日子過我們的生活，是一件好事。

楊腓力(Philip Yancey)

約瑟的榮幸

馬可福音十五章42至47節
既從百夫長得知實情，就把耶穌的屍首賜給約瑟。

我們在這裏出席我們主耶穌的葬禮。但願靠著恩典，我們可以被置於和它的相似中！亞利馬太的約瑟是一個等候神國的人。那些盼望分享神國的榮幸的人，必須承認基督的事業，當它似乎被破壞時。神興起這個人來事奉祂。那是特別的神佑，彼拉多查問時那樣嚴格，以致不能夠假裝說耶穌仍然生存。彼拉多准許約瑟拿下屍體，自行處置。耶穌被安放時，有些婦女看到，以便在安息日後來膏祂的屍體，因為她們之前沒有時間這樣做。這裏特別留意基督的墓穴，因為祂會復活。祂不會遺棄那些信靠祂，祈求祂的人。死亡的毒鈎被除去，很快便會結束信徒的哀傷，正如它結束救主的哀傷一樣。

亨利 (Matthew Henry)

園中的守衛

馬太福音二十七章64節

「因此，請吩咐人將墳墓把守妥當，直到第三日，恐怕他的門徒來，把他偷了去，就告訴百姓說：『他從死裏復活了。』這樣，那後來的迷惑比先前的更利害了！」

尼哥底母和約瑟帶了一袋沒藥和沉香，以及一些香料和布條，遵照猶太人的習俗包裹耶穌的屍體。但祂的敵人很緊張。他們去見彼拉多，要求他派守衛看守墓穴，因為他們恐怕祂的門徒會偷去祂的屍體，然後聲稱祂已經從死裏復活，正如祂宣告那樣。

這令我驚訝！完全驚訝！耶穌的敵人明顯比祂的門徒更明白祂的意思。門徒因為害怕被捕，和耶穌有同一命運而躲藏了起來。但祂的敵人卻明顯明白祂說祂會在死後第三天復活。那些拒絕那信息的人，往往比聲稱相信那信息的人更害怕那信息是真的。他們採取特別的措施防備那信息。不過，他們不能永遠擊退神。

撒加利亞（Ravi Zacharias）

尋找救主

馬太福音二十八章1節
安息日將盡，七日的頭一日，天快亮的時候，抹大拉的馬利亞和那個馬利亞來看墳墓。

她在清早尋找救主。如果你可以等候基督，耐心地盼望在某個遙遠的季節與祂團契，你永遠都不會與祂團契；因為適合相交的心，是飢渴的心。她也十分大膽地尋找祂。其他門徒從墳墓逃跑，因為他們顫抖和驚訝；但馬利亞卻「站著」。如果你要基督和你一起，便要大膽地尋找祂。不讓任何事情阻止你。蔑視世界。在別人逃走之處堅持下去。她只尋找救主。她不理會天使，她轉離他們。她尋找的只是她的主。如果基督是你惟一所愛，如果你的心將所有對手驅走，你很快便會得到祂同在的安慰。抹大拉的馬利亞這樣尋找，因為她十分愛主。讓我們有同樣強烈的愛；讓我們的心好像馬利亞的心一樣，充滿基督；讓我們的愛，好像她的愛那樣，單單以祂為滿足。

司布真 (Charles Haddon Spurgeon)

快樂的救主

馬太福音二十八章1節
安息日將盡，七日的頭一日，天快亮的時候，抹大拉的馬利亞和那個馬利亞來看墳墓。

基督徒說耶穌是「憂患之子」，「熟悉哀傷」時，不是描述祂內在的屬靈本質。哀傷是由我們主的對頭拋在祂身上。它是和毆打及咒詛一起拋到祂身上。祂沒有以祂的喜樂換取哀傷；那哀傷來自外面。那喜樂仍然在裏面。所有對抗祂的敵意，所有引致祂被出賣、拘捕、監禁、審判、定罪、判刑、鞭打和釘十字架的陰謀，都沒有改變耶穌。如果祂熟悉哀傷，那只是要忍受它。

或許你想到要問，為甚麼我們救主那麼少被描述為臉上流露出慈祥和快樂的表情。傳統以來，祂都顯得嚴肅和憂愁，而且往往十分痛苦，無論是雕塑還是繪畫都是這樣。多個世紀以來，世界對我們主的描述，最主要的認識都是掛在十字架上的人。我們應該記得，釘十字架是十分可怕的，而它證明對我們的救恩是十分重要的，但釘十字架之後是復活，在其中天父將死亡和表面的失敗和絕望，變成榮耀的勝利。

沃特（Sherwood Eliot Wirt）

第三天

馬可福音十六章3節
彼此說：「誰給我們把石頭從墓門滾開呢？」

一個強壯的羅馬守衛被派到墳墓看守，墳墓的門口被封上封條，士兵拿著槍站在那裏。沒有人可以盜取屍體。

在復活節的清晨，兩個婦女來到墳墓，帶著香料準備膏耶穌的屍首。絕望地想為不再在自己身體裏的人做一點事，這些懷著愛的人帶著鮮花或在剛死去不久的人的遺體附近做**一些事情**。在那些日子，香料可以實現這個自然的欲望。沒有想到任何期望，也沒有感到任何盼望，她們沮喪地走到墳墓那裏，但卻發覺它是——空的！那大石已經滾開了，屍體不在那裏！有兩個「衣服發光」的男人——明顯是天使——在那裏。三十三年前，他們被派來向馬利亞宣告祂的到來；現在他們告訴那兩個婦女，她們在死人中尋找的那一位沒有死，祂已經**復活**了。「他不在這裏，已經復活了。當記念他還在加利利的時候，怎樣告訴你們，說：『人子必須被交在罪人手裏，釘在十字架上，第三日復活。』」

然後她們便記起了。

依迪芙．薛華 (Edith Schaeffer)

基督已經復活了！

路加福音二十四章2節
看見石頭已經從墳墓滾開了。

基督已經復活了！哈利路亞！
蒙福的生命和光明之清晨！
看哪，墳墓裂成數塊，
死亡透過祂的大能被征服。

基督已經復活了！哈利路亞！
今天歡樂充滿世界；
從那不能拘禁祂的墳墓，
看，那大石滾開了！

基督已經復活了！哈利路亞！
耶穌的朋友，抹乾你們的眼淚；
透過憂鬱和黑暗的薄紗，
看，神的兒子出現了！

基督已經復活了！哈利路亞！
祂已經復活了，正如祂所說；
祂現在是榮耀的君王，
我們偉大、高升的頭。

克羅斯比（Fanny Crosby）

你相信嗎？

路加福音二十四章5節
婦女們驚怕，將臉伏地。那兩個人就對她們說：
「為甚麼在死人中找活人呢？」

那些婦女計劃將香料塗在耶穌身上。她們看見祂死在十字架上，被帶到墳墓。她們知道那個地方。但耶穌不見了！在祂那裏有兩個天使站著，提醒她們，耶穌預測自己會被釘十字架，然後在第三天從死裏復活。接著，婦女記起這件事。

如果她們最初聽到、明白和相信，她們便不會預期可以在墳墓找到祂的身體。但耶穌的追隨者全都不明白祂的預測；因此，他們全都因為祂復活而感到驚訝。那些婦女興奮得透不過氣來，立刻帶著這個好消息跑回去，但十一個門徒和其他人都不相信她們。

你相信嗎？由於基督從死裏復活，我們知道我們的世界正朝救贖，而不是災難走去。我們知道死亡已經被征服，我們也會從死裏復活，永遠和基督一起生活。我們知道基督活著，統治祂的國度，神使耶穌從死裏復活的能力，也賜給我們，讓我們可以在邪惡的世界為祂而活。

你相信嗎？那麼懷著喜樂、盼望和能力生活吧。

費爾曼 (Dave Veerman)

祂活著

路加福音二十四章5節
「為甚麼在死人中找活人呢？」

來吧，看耶穌躺臥的地方，
聽看守的天使說，
「曾經被殺的祂活著：
為甚麼在死人中找活人呢？
記得救主說過
祂會復活嗎？」

啊，愉快的聲音！啊，榮耀的時刻，
祂以自己的大能大力
起來離開墳墓！
現在讓我們的歌述說祂的勝利，
祂打破死亡和地獄的捆綁，
永遠活著施行拯救。

死人中第一個出生的，
祂為我們起來，我們榮耀的頭，
帶來不朽的生命；
雖然好像祂的聖徒會死，
但他們分享他們領袖的勝利，
與他們的君王一起得勝。

托馬斯．凱利 (Thomas Kelly)

主基督今天已經復活

馬太福音二十八章6節
「他……已經復活了。」

主基督今天已經復活，哈利路亞！
人的兒子和天使說，哈利路亞！
高舉你的喜樂和勝利，哈利路亞！
天上地下高唱吧，回答，哈利路亞！

我們榮耀的君王再次活著，哈利路亞！
死啊，你的毒鈎在哪裏？哈利路亞！
祂曾經死去，以拯救我們的靈魂，哈利路亞！
墳墓啊，你的勝利在哪裏？哈利路亞！

我們現在隨基督的帶領高升，哈利路亞！
跟隨我們高升的領袖，哈利路亞！
好像祂那樣，我們像祂那樣興起，哈利路亞！
十字架、墳墓和天空都是我們的，哈利路亞！

歡呼，天地的主，哈利路亞！
天地都讚美祢，哈利路亞！
我們現在得勝地迎接祢，哈利路亞！
歡呼，復活日，哈利路亞！

查理．衛斯理（Charles Wesley）

無限多

馬可福音十六章6節
那少年人對她們說：「不要驚恐！你們尋找那釘十字架的拿撒勒人耶穌，他已經復活了，不在這裏。請看安放他的地方。」

實際上，每個人都將耶穌歸入「活過的人中最好的一個」這個類別中，很多人都同意，祂是「世上最偉大的教師」，不少人堅持祂「讓我們知道我們應該怎樣生活」，有些人相信祂「示範了怎樣面對死亡」。但無論這些意見可能多麼真實，它們都達不到聖經對祂的描述……

即使稍為思想一刻，也會顯示這些事件立即將耶穌提升到超越上述意見，進入一個只有祂可以佔據的位置。祂比受尊敬的教師、閃閃生光的榜樣、勇敢地面對死亡和無可指責的模範超越無限多。祂的復活被視為神支持祂的所有宣稱，也是證明有效的印記，顯示祂的死除去我們的罪。祂死後的生命講述永恆存在的真實，祂征服死亡有力地提醒我們，將自己永恆的命運交託給耶穌的人，毋須懼怕死亡。

底線是關於耶穌生命的讚賞意見錯失了那重點，除非它們和祂復活這個快樂的信念結合。尊敬死去的基督，無論是多麼誠懇，多麼高貴，對正在失去永恆的罪人都沒有幫助。只有個人經歷復活的主才足夠。

斯圖爾特．布思高(Stuart Briscoe)

復活的主

約翰福音二十章16節

耶穌說：「馬利亞。」馬利亞就轉過來，用希伯來話對他說：「拉波尼！」(拉波尼就是夫子的意思。)

「拉波尼」這個稱呼帶有至高的尊敬、敬畏和愛。它比簡單的「拉比」更有力和尊貴。

在墳墓的馬利亞有最重大的發現——復活的基督。根據記載，她走去宣告這榮耀的消息：「我已經看見了主！」在墳墓，基督最後一次被人用「拉波尼」這個詞稱呼，或和它近似的「主人」、「老師」、「拉比」。從這重要的一天開始，祂會是復活、得勝和統治的主。

我們給基督這些尊敬和傳統的稱呼並不足夠。我們也必須知道祂是我們復活的主。我們也得到命令和任務，根據個人的經驗宣告那好消息：「我已經看見了主。」只有和復活的基督充滿生氣地相遇，並承認祂的大能，我們才會按祂的真正身分認識祂，並與別人分享祂的信息。我們的命運就在那發現中。

嘉瑞彼 (Henry Gariepy)

他們相信

約翰福音二十章6至8節
西門彼得隨後也到了，進墳墓裏去，就看見細麻布還放在那裏，又看見耶穌的裹頭巾沒有和細麻布放在一處，是另在一處捲著。先到墳墓的那門徒也進去，看見就信了。

墳墓的布好像蠶蛹乾枯、破裂的殼一樣躺著，在蛾飛出來，在陽光中展開光明的旅程時留下一樣……或者，更準確地說，好像手套從手脱離出來後，手套仍然留著手的形狀一樣。

這樣，墳墓的布躺在那裏，有點塌下，稍為縮小——因為在那些一卷一卷的繃帶之間，有頗多香料，但曾經包著基督身體的細麻布卻躺在那裏。

當門徒看到**這情景**時，他們便信了。

這裏用來指「看」的希臘語——*theorei*——不是指一個人作觀眾時的看，也不是指鐘錶匠透過放大鏡細看。

它的意思是以內在的亮光觀看，並令人得出結論。

它是感知
思想
明白——不單是看見……
他們得出一個結論
不可動搖、不可反駁、確定的信念
耶穌基督已經從死裏復活。

彼得 · 馬歇爾 (Peter Marshall)

復活在我

約翰福音十一章25節

耶穌對她說：「復活在我，生命也在我。信我的人雖然死了，也必復活。」

在耶穌裏沒有日落；全都是日出。祂是「明亮晨星」——不是黃昏的星。祂預示黎明——不是黑暗。一個平信徒莫斯利 (Rufus Moseley) 被人邀請去主持喪禮。他看新約，想找出耶穌怎樣主持喪禮，但發覺「耶穌沒有主持喪禮，而是主持復活。」我在耶穌裏所有的，並沒有喪禮的感覺；有的是復活的感覺……一位著名的新約學者說，在這兩個情況下，「那」字都可以刪去——「我是復活」，不是「那復活」，祂自己的復活。祂以前和現在都是「那復活」，祂自己的復活，但還不單這樣。祂是復活的原理和能力。如果你有耶穌，你便有復活。祂使你的精神、你的身體、你的靈、你的盼望、你的觀點、你的一切復活。在祂裏面，你現在已經復活。我會向我身體的復活致敬，好像對一個老朋友一樣：「我整生都認識你。因為生命是一個長而榮耀的復活。歡迎你，朋友，我知道你會到來。」

瓊斯 (E. Stanley Jones)

復活和生命

約翰福音十一章25節
耶穌對她說：「復活在我，生命也在我。信我的人雖然死了，也必復活。」

福音書用很多好事物來稱呼耶穌，這是不足為怪的。如果我們看一下用來稱呼神兒子的名稱，便會明白在這些好事物中，有多少是祂。傳講祂名的人的腳蹤是佳美的。其中一件好事物是生命。耶穌是那生命。另一件好事物是世界的光(照亮人的是真光)。而神的兒子是所有這些事物。除了生命和光之外，另一件好事物是真理。第四件好事物是引向真理的路。我們的救主教導我們，祂是這一切。祂說：「我是道路、真理、生命。」啊，主震開地和死，復活起來，不是很好嗎？我們從主那裏得到這好處：祂是那復活。祂說：「我是那復活。」個人藉以進入最大喜樂的門也是好的。而基督說：「我是那門。」……我們必定不能不提到道，祂在一切之父之後也是神。因為這是另一個好事物，並不比其他差。那麼，那些接受這些好事物，從那些宣告它們的祝福，從那些腳蹤是佳美的人那裏接受它們的人是快樂的。

俄利根 (Origen)

只有事實

路加福音二十四章46至47節

又對他們說：「照經上所寫的，基督必受害，第三日從死裏復活，並且人要奉他的名傳悔改、赦罪的道，從耶路撒冷起直傳到萬邦。」

歷史充斥著那些對自己有偉大的妄想的人。有些人甚至願意為自己的目標而死。但和所有人一樣，他們都被死亡打敗。如果我們掘起他們的墳墓，便會找到他們的屍體。但這是耶穌獨特之處。祂預測自己的死，預測自己的埋葬，並預言有一天祂會勝過死亡，從墳墓中走出來。在死後三天，祂確實這樣做。

聖經記載了這件事。所有試圖證明這是假的人都失敗了。決意破壞基督教信仰的科學家不能夠這樣做。很多抱懷疑態度或無神論的人，在研究過耶穌基督的死和復活後，都接受了基督教信仰。那是世界歷史中其中一件有最多文獻支持的事件。

透過耶穌的死，我們得到救贖；透過祂的血，我們的罪得到代贖。但如果祂沒有從墳墓出來，這一切都毫無意義。基督的復活令祂在十字架上所做的事生效。

耶利米 (David Jeremiah)

我們會再活過來

約伯記十四章14節
人若死了豈能再活呢?我只要在我一切爭戰的日子,
等我被釋放的時候來到。

基督出生前四百年,希臘哲學家蘇格拉底中毒垂危。他被視為世上最有智慧的教師,但當他的朋友問他:「我們會再活嗎?」,他只能夠回答:「我希望會吧,但沒有人可以知道。」

在約伯記十四章14節,另一個人提出同一個問題:「人若死了豈能再活呢?」這是一個古老的問題。它困擾了很多人,也考驗每一個宗教信仰——它是歷代最重要的問題。在希伯來書二章15節,我們看到一些人終生都受到對死亡的恐懼捆綁。很多人害怕死亡會趕上他們。得不到死後生命的保證,死亡變成可怕的事情。但正因為這樣,我們可以歡慶復活節:耶穌基督的復活一次過回答了那個古老的問題。那復活將基督教從哲學的領域帶出來,變成歷史的事實。它證明今生後仍然有生命。

耶利米 (David Jeremiah)

為一個謊言而死？

使徒行傳十二章2節
用刀殺了約翰的哥哥雅各。

對基督教的挑戰往往忽略了一方面，那就是耶穌門徒的改變。他們生命的改變，提供了有力的見證，支持耶穌的宣稱的有效性……我可以相信使徒的見證，因為這些人中，有十一個基於兩件事情而殉道：基督的復活，以及他們相信祂是神的兒子……

人們給予的回應通常是：「為甚麼？很多人都為了謊言而死；這能夠證明甚麼？」

對，很多人都為了謊言而死，但他們認為那謊言是真理。如果復活沒有發生過(也就是說，那是假的)，門徒是知道的。我找不到方法證明他們受騙。因此，這十一個人不單為一個謊言而死——關鍵就在這裏——他們也知道那是謊言。我們很難在歷史上找到十一個人為了一個他們知道是謊言的謊言而死。

麥道衛 (Josh McDowell)

我們得到的保證

羅馬書四章25節

耶穌被交給人，是為我們的過犯；復活，是為叫我們稱義。

復活也就我們的救恩給我們保證。耶穌實在是「復活，是為叫我們稱義」(羅四25)。我們的救恩並不倚靠我們的成就，而是有賴基督的成就，而我們知道那是完全的。這是基督教對非基督徒其中一個很有吸引力之處。伊斯蘭教沒有這樣的保證。穆斯林忠心地實行他們的禮儀，盼望神會憐憫他們，但卻不能保證自己得到神接納。耶和華見證人雖然對自己宣稱明白聖經感到有信心，但卻沒有這種保證。

對佛教徒和印度教徒來說，解救的路既漫長，又令人沮喪，要攀過無數的人生，不能保證他們何時能夠抵銷沿途累積的所有惡業。對這些朝聖者來說，他們已經對為自己的得救勞苦感到疲累，聽到保羅的話：「如今，那些在基督耶穌裏的就不定罪了。因為賜生命聖靈的律，在基督耶穌裏釋放了我，使我脫離罪和死的律了」(羅八1～2)是多麼好的消息啊。

費蘭度(Ajith Fernando)

免費，但不是廉價的

羅馬書六章23節
因為罪的工價乃是死；惟有神的恩賜，在我們的主基督耶穌裏，乃是永生。

恩典是一個美妙的詞語。它表示免費、不配得到神的恩寵。它是神對……罪人的罪的解藥。

恩典是免費的，但不是廉價的。

它是有史以來最昂貴的禮物。

它要神的兒子獻出自己的生命。祂這位「罪人的朋友」進入歷史中，為所有人的罪獻上無限的祭，從曾經生存過的第一個人到最後一個人。祂是「神的羔羊，除去世人罪孽的」。祂生來是為了被釘十字架。祂忍受我們的死，讓我們可以接受祂的生命。祂背負我們的罪，讓我們可以在祂的完全中變得公義。祂成為貧窮，讓我們可以有祂的富足。

祂恩典的禮物是免費供人祈求的，也是免費讓人取用的……

在祂的憐憫中，神沒有將我們應得的給我們：那就是審判。在祂的恩典中，祂將我們不配得的賜給我們：那就是稱義。

如果我們承認我們是罪人——如果我們認自己的罪——如果我們渴望祂的赦免、潔淨、更新、**生命**——如果我們求神赦免……

祂會以恩典回應。

夏維信 (Richard Halverson)

最大的信心

哥林多前書十五章17節
基督若沒有復活，你們的信便是徒然，你們仍在罪裏。

為甚麼相信復活是那麼重要？「基督若沒有復活，我們的信便是徒然」，如果基督沒有復活，那些我們所愛、已經死了的人便失喪了。如果耶穌基督沒有從死裏復活，「我們比眾人更可憐」。如果基督從死裏復活，「他便是信徒初熟的果子」。保羅給我們的圖畫是收割時初熟的果子，將來會有甚麼的應許。祂是神收割的靈魂初熟的果子——我們是其餘的收成。

保羅說他願意為基督經歷大苦難，是因為復活的盼望。他問道，如果基督不是真的活著，他這樣做有甚麼道理？生命中最大的困難是死亡……但對基督徒來說，大石已經從死亡的墳墓滾開。墳墓是空的！對基督徒來說，死亡是通往生命的通道。基督已經走在我們前頭，告訴我們，前面有一個新世界。我們可以懷著對那應許最大的信心面對墳墓。

吉爾·布思高 (Jill Briscoe)

再沒有毒鈎

哥林多前書十五章54至55節
「死被得勝吞滅」的話就應驗了。死啊！你得勝的權勢在哪裏？死啊！你的毒鈎在哪裏？

歡呼！得勝的耶穌，歡呼！
在祢榮耀的雲中航行
長長的得勝隊伍越過天空，
上升到在高處等待的世界。

天堂大大打開它的大門，
榮耀的英雄，經過那些大門：
榮耀的君王登上祢的寶座，
祢偉大的父，和祢自己的寶座。

天上眾詩班齊聲讚美祂，
狂喜，彈奏你們響亮的豎琴
人的兒子，謙卑地奮力，
高唱你們偉大救主的統治。

每個音符都充滿奇妙；
罪被推翻，地獄被俘擄！
死啊，你的毒鈎在哪裏？
被消滅的王，你的可怕在哪裏！

史哥德（Thomas Scott）

祂的得勝

羅馬書六章9節
因為知道基督既從死裏復活，就不再死，
死也不再作他的主了。

耶穌基督來入侵每一種形式的死，並在其中輸入祂自己的生命。祂能夠這樣做，因為在祂自己的死中，祂將死的所有力量都吸收到自己裏面。

在祂身體裏面，死被吞沒。在屈從於加略山的折磨時，祂征服了那折磨者。祂在自己裏面，承受了死亡的利刃那全部的攻擊，並接受了世界上的罪人應得的所有苦果。不知怎的，在一個強大的轉移中，人類的罪和失敗的歷史中所有未付清的帳項都由祂無罪的位格償清。祂接受我們的懲罰的痛苦，提供我們解救的狂喜。

因為祂自己無罪，祂才能夠這樣做。只有不受侵佔、不受沾污的靈魂的強度，才能夠吸基督在十字架上遇到的罪那可怕的程度。整個人類的罪吞沒祂，但死亡不能抓著祂。在神的兒子裏面是無罪的，祂可以背負人類所有罪，但仍然在遇到神的審判時存活。基督耗盡罪的力量，打破死亡的力量，在勝利中安然度過。

海福德(Jack Hayford)

不再有死亡

哥林多前書十五章56至57節
死的毒鈎就是罪，罪的權勢就是律法。感謝神，
使我們藉著我們的主耶穌基督得勝。

死亡被破壞。十字架勝過它。它不再有任何能力，已經真的死去。正因為這樣，基督的所有門徒都鄙視死亡，不再懼怕它。他們向它進攻。藉著十字架的記號和對基督的信心，他們踐踏死亡，將它當為是死的。救主來臨前，死亡對聖徒來説是可怕的。每個人都為死者流淚，彷彿他們毀滅了。但現在救主已經復活，死亡不再可怕。因為每個相信基督的人都踐踏死亡。他們寧願死，也不否認自己對基督的信仰。因為他們知道，他們死時，並不是被消滅，實際上是開始活著。透過復活，他們變得不會朽壞。現在我們從死亡的痛苦中得到解脱，曾經滿懷惡意地以死亡為樂的魔鬼，成了惟一真正死去的。作為這方面的證明，人們在相信基督前都是懦弱，害怕死亡的。但當他們轉向基督的信仰和教導時，便那麼鄙視死亡，以致渴望衝向死亡。他們見證基督得勝的復活。

亞他那修 (Athanasius)

那發生在你身上

加拉太書二章20節

我已經與基督同釘十字架，現在活著的不再是我，乃是基督在我裏面活著；並且我如今在肉身活著，是因信神的兒子而活；他是愛我，為我捨己。

我們的救恩照顧我們永恆的保障，我們的認同照顧我們每天得勝的路。我所說的認同，是指基督的生命現在是我的，我的生命現在是祂的。「現在活著的不再是我，乃是基督在我裏面活著」(加二20)。在加略山發生在基督身上的事，也發生在我身上。基督被釘十字架，我也被釘十字架。基督被埋葬，我也被埋葬。基督復活，我也復活。認同是羅馬書六章的主題詩歌。我們和祂認同，接受了憑信心將罪的能力打破時，便有自由在聖靈裏面行走，得到釋放，成為神想我們成為的人。是基督耶穌在我們個人裏面，並透過我們活出祂的生命。我們和祂的關係是我們得救，我們得到赦免，我們得到接納，我們是神的兒女。我們在十字架中得到保障。我們可以有平安和保證，我們每天的路都是討祂喜悅，榮耀祂的……

在神的愛中平安和安穩，並由祂的恩典支持的人，不再聽遙遠的神說話。現在他聆聽那麼愛他，以致和他有個人的關係的那一位，而這是重大的分別。

山嘉利 (Charles Stanley)

我們真正的家

以弗所書二章19節
這樣，你們不再作外人和客旅，是與聖徒同國，
是神家裏的人了。

總要記得我們已經棄絕世界，現在活在這裏是客旅和寄居的。預期那天，我們每個人都可以歸家。這天會將我們抓到天上，讓我們脱離世界的網羅，送我們到樂園和國度。在外地的人，有誰不盡快趕回自己的國家？正在趕著回到朋友那裏的人，有誰不渴望大風在他後面推動，讓他可以早日擁抱親愛的人？我們視天堂為我們的國家。我們已經視族長為我們的父母。為甚麼我們我們不趕快奔跑，以便看見我們的國家，問候我們的父母？很多我們親愛的人在那裏等候我們。一大羣父母、兄弟和孩子渴望見到我們，他們自己的平安已經得到保證，也渴望我們得救……親愛的，讓我們熱切地趕快到這些人那裏。讓我們渴望和他們一起，快快來到基督跟前。願神看見我們的渴望。願主耶穌基督看我們思想和信心的目的。祂會將祂榮耀更大的賞賜給予那些更渴慕祂的人！

居普良 (Cyprian)

向自己死

腓立比書二章5、8節
你們當以基督耶穌的心為心：……自己卑微，
存心順服，以至於死。

成為基督徒就是成為臣民——一位君王的臣民——也就是說，歡迎神在自己生命中掌權。耶穌自己成為天父的臣民——「神啊，我來了，為要照你的旨意行」(來十7)。這表示祂來到這個世界，不是為了利益，而是要有所損失；不是為了得到，而是為了付出；不是要受人服事，而是要服事人；不是要得到餅，而是要成為餅，天上的餅，為世上的生命而擘開。

「你們當以基督耶穌的心為心：……自己卑微」(腓二5～8)。

那裏用了十分簡單的話來表達。如果你想成為基督徒，要確保你的心和祂的心一樣作好決定：謙卑下來，成為臣民，順服——以至於**死**。那表示死亡。要肯定這一點。至少對自己的一些欲望和計劃死。向**自己**死。但永遠不要忘記——耶穌的死打開了一條路，令祂高升，也令我們得到永恆的**生命**。我們對自私的死是通往君王的王宮那榮耀的通道。成為祂的臣民是那麼困難嗎？那代價太大嗎？

艾莉莎 (Elisabeth Elliot)

新生命

歌羅西書二章12節

你們既受洗與他一同埋葬，也就在此與他一同復活，
都因信那叫他從死裏復活神的功用。

因此，讓我們心裏謹記這點：基督已經將祂的手伸向我們，祂不會中途離棄我們，靠著祂的良善，我們可以大膽地將目光投向最後那天……因為信徒在哪方面和邪惡的人不同，我們都受盡痛苦，好像註定要被宰殺的羊(羅八36)，總是已經有一隻腳踏入墳墓，距離繼續被死亡吞噬並不遠。因此，我們的信心和忍耐的惟一支持是：我們不看此生的情況，將我們的心和感官放在最後那天，經過世界的障礙——直到我們信心的果實最終出現。

加爾文(John Calvin)

我們的中保

希伯來書九章15節

為此，他作了新約的中保，既然受死贖了人在前約之時所犯的罪過，便叫蒙召之人得著所應許永遠的產業。

透過耶穌基督罪得寬恕和救贖是多麼偉大啊！

很多基督徒對耶穌基督現在為我們做的事都了解得不夠。我們很多人都相信祂為我們的罪死。我們相信祂的死和復活，但卻忘記了祂在復活後，升到天上，坐在天父的右邊，開始為我們而活，正如祂為我們死一樣。

魔鬼日夜控訴我們。但耶穌為我們辯護。在祂裏面我們是神的公義(林後五21)。

如果在罪得赦免後，我們仍然擔心罪，那怕只是五分鐘，我們都是奪去祂和我們自己的很多快樂。

「務要抵擋魔鬼，魔鬼就必離開你們逃跑了」(雅四7)。對抗魔鬼，沒有比這段經文更好的武器。

對罪的意識可能退化為失敗主義，「實在太糟了。但我就是這樣」。我們失敗時，魔鬼很高興；但他害怕得勝的意識。

魔鬼令我們意識到罪。神的靈令我們意識到罪，然後意識到勝利。

彭柯麗(Corrie Ten Boom)

永恆的團契

啟示錄二十一章3節

我聽見有大聲音從寶座出來說：「看哪，神的帳幕在人間。他要與人同住，他們要作他的子民。神要親自與他們同在，作他們的神。」

天堂不會有聖所、會幕或聖殿——也不會有教堂。啟示錄二十一章22節說：「主神——全能者和羔羊為城的殿」。由於神會住在祂的百姓中，正如祂在伊甸園開始時那樣，所以不再需要有聖所給祂居住。

今天我們錯誤地稱教堂為「聖所」，因為那是我們每星期聚集一次，敬拜神和聆聽別人宣告祂的道的地方。但神沒有住在這個世代的建築物中；祂住在祂的百姓中。現在我們不能夠好像將來在天堂那樣「看見」祂的同在。在天堂時，祂不會住在我們「裏面」，而會住在我們「當中」，和我們同在。

醫治病人，令死人復活，餵飽很多人，死在加略山，從死裏復活，升到天上的同一位耶穌，在天堂會在我們中間行走。我們和祂會永遠有不間斷的個人團契。

耶利米 (David Jeremiah)

我們的盼望

腓立比書三章20至21節

我們卻是天上的國民，並且等候救主，就是主耶穌基督從天上降臨。他要按著那能叫萬有歸服自己的大能，將我們這卑賤的身體改變形狀，和他自己榮耀的身體相似。

我們不確實知道，在那榮耀的一天，我們的身體會怎樣改變，但我們知道痛苦、苦難和死亡的限制會永遠消失！保羅對哥林多人說，我們的身體會被埋葬和腐爛，然後復活，變得不朽壞；我們的身體會在羞辱中播種，但在榮耀中復活；我們的身體會在軟弱中播種，在能力中復活；我們的身體會種下肉身，在屬靈的身體中復活(林前十五章)。

我們的新身體會好像我們主耶穌基督榮耀的身體。除了耶穌自己復活外，福音書只記載了三次復活：拿因寡婦的兒子、睚魯的女兒和拉撒路。所有這些情況都以哀悼開始，直到耶穌來到；然後哀傷便變為喜樂和歡欣。耶穌談到自己：「復活在我，生命也在我。」每當耶穌的生命表示死亡時，死亡都被打敗。當祂再來時，死亡會面對最後一擊。正如保羅對哥林多人說：「死被得勝吞滅」(林前十五54)。

耶利米 (David Jeremiah)

脱離死亡

彼得前書一章23節

你們蒙了重生，不是由於能壞的種子，乃是由於不能壞的種子，是藉著神活潑常存的道。

基督就是那生命……因為祂從不准許祂曾經賜予的生命失去，而是保存它，直到末了。由於肉體是那麼脆弱，如果人在得到生命後，任由他們自生自滅，他們會變成怎樣？因此，生命的長存必須建基於基督自己的能力，祂能夠完成祂所開始的。

說信徒永遠不死的原因是，他們的靈魂以不能壞的種子重生後(彼前一23)，有基督住在他們裏面，他們從祂那裏得到永恆的活力。因為雖然身體會因為罪而死，但靈魂卻因為義而得生命(羅八10)。外在的人每天衰敗，但卻遠遠不是從他們真正的生命中取去甚麼，而是幫助那生命進展，因為內在的人每天都在更新(林後四16)。更重要的是，死亡本身是從死亡的束縛中得解脱。

加爾文(John Calvin)

肯定

約翰壹書一章1節
論到從起初原有的生命之道，就是我們所聽見、
所看見、親眼看過、親手摸過的。

耶路撒冷沒有因為基督的門徒在這個拿撒勒人被捕和受審時的表現而留下深刻的印象。祂的追隨者肯定不夠勇敢。事實上，他們要不是逃走，藉以保存自己的性命；就是遠遠地跟從祂。彼得是那麼害怕，以致否認自己認識這個拿撒勒人。

然後，在他們的主死後，這羣門徒躲起來，並將門鎖上——「因怕猶太人」。

不過，在第一個復活節的清晨後，我們發覺同一羣
懦弱
害怕
無效的人
公開傳道，不害怕任何人。

他們個人的確信好像鐘聲一樣響遍新約……穩定而有力……

「我們所聽見、所看見、親眼看過、親手摸過的……我們……傳給你們。」

他們那麼肯定的是甚麼？

是耶穌基督活著。

彼得 · 馬歇爾 (Peter Marshall)

獨特的救主

哥林多前書十五章12至14節

既傳基督是從死裏復活了，怎麼在你們中間有人說沒有死人復活的事呢？若沒有死人復活的事，基督也就沒有復活了。若基督沒有復活，我們所傳的便是枉然，你們所信的也是枉然。

沒有復活，基督教便會夭折。如果你有一個死去的救主，你便不能有活的信仰。沒有復活，基督教信仰可能是值得稱讚的生活方式，但耶穌只會是另一個偉大的教師，活出自己一生，然後歸回塵土。如果耶穌沒有從死裏復活，基督教不會是來自神的真理。

復活將耶穌基督放入一個祂自己的類別。復活令祂獨一無二。其他宗教在某些事情上可以比得上基督教。例如：他們可以說：「你們的創立者給你們一本神聖的書？我們的創立者也給我們一本神聖的書。你們的創立者有很多人跟隨？我們的創立者也有。你們有建築物，讓人們聚集敬拜你們的神？我們也有建築物，讓人們聚集敬拜我們的神。」

但基督徒可以說：「這一切都可能是真的，但我們的創立者從死裏復活！」對話結束。

埃文斯 (Tony Evans)

耶穌向追隨者顯現

耶穌對他們說：「這就是我從前與你們同在之時所告訴你們的話說：摩西的律法、先知的書，和詩篇上所記的，凡指著我的話都必須應驗。」於是耶穌開他們的心竅，使他們能明白聖經。

路加福音二十四章44至45節

耶穌向追隨者顯現

耶穌復活後，很多不同的人花時間與祂一起。他們大部分都有某些疑惑。多馬不願意相信耶穌活著，可能是其中表達得最清楚的人；但所有人都顯出某程度的震驚，因為他們沒有預期耶穌會由墳墓復活。雖然祂曾經應許過，但他們仍然感到驚訝。

耶穌復活後的顯現，有一個共同的結果。懷疑的人變得確信。他們當中很多見證祂復活的人，即使在面臨痛苦的死亡時，仍然維持自己的見證。他們的生命和信息帶著真理，而這真理繼續在歷史中迴蕩。

你思想耶穌在這一節的不同顯現時，花一點時間考慮他們的見證怎樣影響你的生命，以及耶穌怎樣表明祂向你活著。

你找誰呢？

約翰福音二十章15節
耶穌問她說：「婦人，為甚麼哭？你找誰呢？」

「你為甚麼哭？你找誰呢？」這是馬利亞到了將耶穌埋葬在墳墓的園子時，天使向她發出的問題。門徒和耶穌一起的短短幾年中，他們的談話包括很多問題。因此，當這個問題向**他們**發出時，有溫和的責備含意。這實際上暗示了一個祂問過他們不止一次的問題。對祂最初的追隨者，祂問過：「你們想要甚麼？」祂也問過施洗約翰的門徒同一個問題——「你們出去，到底是要看甚麼？」我們需要假設，祂一再打斷他們，問他們究竟想神怎樣贏得他們稱許。

在他們與耶穌一起的日子，他們無力掌握祂說的很多話，令我們既同情又困惑。事實上，他們與一位與眾不同的人一起，因此，他們在每一步的試驗性姿態都是可以理解的。但祂需要多麼具體，他們才能夠清楚看到祂是誰？

撒加利亞 (Ravi Zacharias)

我永遠都不會讓你走

約翰福音二十章17節

耶穌說：「不要摸我，因我還沒有升上去見我的父。你往我弟兄那裏去，告訴他們說，我要升上去見我的父，也是你們的父，見我的神，也是你們的神。」

基督復活後的形像中，其中一個我最喜歡的是，祂告訴抹大拉的馬利亞不要纏著祂，以致他倆都可以做神要他們做的事（參約二十17）。她認出耶穌那一刻，她明顯抓住祂親愛的生命，彷彿在說：「現在我找到祢，我永遠都不會讓祢走！」雖然你和我從未面對面見過耶穌，但我們和馬利亞並非完全不同。有時我們在危機中從基督那裏得到新的啟示。接著我們可能不想在餘下的日子離開那個啟示。

基督似乎對我們說：「對，這啟示是給你的禮物，但要小心，不要停留在這裏。不要抓緊你對我的看見。讓這些時刻成為你將來的動力。憑信心而不是眼見來走路。還有工作要完成！可以肯定我總會與你一起，因為現在我已經找到你，我永遠都不會讓你走。」

穆爾 (Beth Moore)

那需要完成

路加福音二十四章26節
「基督這樣受害，又進入他的榮耀，豈不是應當的嗎？」

如果你樂意背負十字架，十字架便會背負你，會帶你到你找尋的終點，那裏是苦難的終結；雖然那不會在這裏。如果你不情願地背負十字架，便為自己帶來重擔，大大增加你的負擔，但你仍然必須背負它。如果你拋開一個十字架，毫無疑問，你會找到另一個，而且可能是更重的。

你想逃避會死的人從未能夠逃避的嗎？世上哪個聖徒沒有十字架和苦難？甚至我們的主耶穌基督在活著時也沒有一刻是沒有祂受難的痛苦。祂說，**祂必須受苦，並從死裏復活，進入祂的榮耀中**。你怎樣追尋這條高貴的路以外的方法？而這條路是神聖的十字架之路。

多馬．肯培 (Thomas À Kempis)

研究和禱告

路加福音二十四章32節

他們彼此說：「在路上，他和我們說話，給我們講解聖經的時候，我們的心豈不是火熱的嗎？」

「火熱」這個詞正正是你想到的意思：「使燃燒………燃燒……以火燒毀。」……對基督來說，你的心比一切都重要得多。你的心完全與基督一起，比你可以提供的任何事奉，或者可以遵守的任何規則都更重要……神想完全俘擄你的心，令它燃燒著對祂的激情。根據馬可福音十二章30節，這是祂對你的絕對優先事件；沒有它，你不會有喜樂和滿足。有兩條永恆的鎖匙燃點我們的靈性，點著敬虔的激情。兩者都好像路加福音二十四章32節那餘燼中的紅寶石。「在路上他[1]和我們說話，給[2]我們講解聖經的時候，我們的心豈不是火熱的嗎？」

對我來說，「在路上和我們說話」是十分個人和親密地表達禱告，而「給我們講解聖經」則完美地表達聖經研究。親愛的，我們可以做很多其他事情點燃我們對基督的屬靈熱情，但沒有禱告和聖經研究這兩條棒子一起磨擦，將火點起，其他一切努力都是徒然的。

穆爾 (Beth Moore)

願你們平安

約翰福音二十章19節
那日(就是七日的第一日)晚上，門徒所在的地方，
因怕猶太人，門都關了。耶穌來，站在當中，
對他們說：「願你們平安！」

不總是這樣嗎？祂不是在別人最需要祂時來嗎？祂第一句話不總是「願你們平安」嗎？「耶穌基督昨日、今日，一直到永遠是一樣的。」

我不禁想，祂讓他們看祂雙手、肋旁和雙腳，不單是讓他們在光線不足的房間中可以認出祂，也是為了讓他們記得：你們跟隨的我受過苦；如果你們要跟隨我，你們也不能避免苦難；你們必定不能對苦難感到驚訝。「不要以為希奇」，要「視之為喜樂」。更甚的是(因為祂的呼召一直都是拿起十字架，背著它)，我感到祂讓他們看祂的雙手、肋旁和雙腳，是將這偉大的真理刻在他們心裏：「我實實在在地告訴你們，一粒麥子不落在地裏死了，仍舊是一粒，若是死了，就結出許多子粒來。」「除了死亡以外，再沒有生命。」但祂首先說：「願你們平安。」

賈艾梅(Amy Carmichael)

意志的選擇

約翰福音二十章25節
那些門徒就對他說：「我們已經看見主了。」多馬卻說：
「我非看見他手上的釘痕，用指頭探入那釘痕，
又用手探入他的肋旁，我總不信。」

大部分門徒在耶穌釘十字架後看見祂活著時，多馬沒有和他們一起。其他門徒告訴多馬復活的事實時，他說：「我非看見……我總不信」(約二十25)。我們有些人好像多馬一樣多疑。我們感到很容易懷疑我們看或觸摸不到的東西……多馬終於看見復活的基督，祂對多馬說：「不要疑惑，總要信！」(約二十27) 耶穌要多馬相信時，祂訴諸多馬的意志……

選擇相信耶穌基督的復活，會帶來喜樂、平安和經歷祂復活的生命在我們裏面。活著的基督，是我們將我們的信仰告訴別人的最大原因。保羅寫信給哥林多人說：「基督若沒有復活，你們的信便是徒然」(林前十五17)。世上沒有其他宗教誇口說他們的創立者實際上是成為人的神，祂被殺，但卻從死裏復活。這種宣稱肯定應該受調查！即使你好像多馬一樣天生多疑，藉著將你的疑惑直接帶到基督面前，加以調查，也是安全的做法。讓祂幫助你選擇相信吧！

吉爾・布思高 (Jill Briscoe)

被那記憶纏繞

約翰福音二十一章9至10節
他們上了岸，就看見那裏有炭火，上面有魚，又有餅。
耶穌對他們說：「把剛才打的魚拿幾條來。」

耶穌復活後，在海灘向門徒顯現。祂生了火，為他們煮早餐(約二十一9)。他們當中，彼得在嗅到刺鼻的煙時，一定喘著氣。那肯定令他記得不久前那個可怕的晚上，他顫抖著站在另一個火旁取暖(約十八18)……

現在，在海灘上，復活的耶穌正為彼得和其他人用炭火煮早餐。吃過那一餐後，主三次問彼得：「你愛我嗎？」你可以想像，這個由他最近的失敗引發的問題，怎樣刺透彼得的靈魂嗎？……不過，耶穌讓彼得知道，雖然他失敗了，但他可以得到饒恕。更重要的是，復活的主告訴彼得，祂有特別的工作給彼得做……

彼得容讓耶穌基督饒恕他，潔淨他的罪，以聖靈充滿他，以致他可以有力地事奉他的主。我們也可以這樣。

吉爾·布思高(Jill Briscoe)

牧養我的羊

約翰福音二十一章16節
耶穌第二次又對他說：「約翰的兒子西門，你愛我嗎？」
彼得說：「主啊，是的，你知道我愛你。」
耶穌說：「你牧養我的羊。」

有甚麼比被人看到我們做基督宣告說證明我們愛祂的事更偉大？祂對使徒的領袖說：「彼得，你愛我嗎？」彼得承認他愛主時，主補充說：「如果你愛我，便牧養我的羊。」主問這門徒是否愛祂，不是要得到一些資料（祂已經知道每個人的心，不需要這樣做），而是要教導我們，祂多麼關心這些羊羣得到照顧。因此，很明顯，那些為基督那麼珍惜的羊羣而勞苦的人，會得到很大的賞賜。因為當我們看到有人照顧家裏的成員，或者我們的羊羣時，我們會認為那人對家人或羊羣的熱誠，表示那人對我們的愛。不過，這一切都可以用金錢買到。那麼，試想像一下，那些照顧基督以自己的死，而不是金錢或任何類似東西買來的羊羣的人，會得到基督賜予多大的禮物。因為祂為了羊羣獻出自己的生命。

屈梭多模（Chrysostom）

尖鋭的問題

約翰福音二十一章17節
第三次對他說：「約翰的兒子西門，你愛我嗎？」彼得因為耶穌第三次對他說「你愛我嗎」，就憂愁，對耶穌說：「主啊，你是無所不知的；你知道我愛你。」耶穌說：「你餵養我的羊。」

彼得明白到一個事實，在他個人生命的真正中心，他是獻身於耶穌的，他也開始看到，耶穌那樣耐心地查問他有甚麼意思。彼得心裏沒有一絲錯覺，他永遠都不會再有錯覺。那裏容不下熱情的説話，容不下興奮或感情。明白自己真的多麼愛主，是給彼得的啟示，他驚訝地説——「主啊，你是無所不知的。」彼得開始看到自己多麼愛耶穌；但他沒有説——「看這或那，藉以確定」。彼得開始自己發現，自己是多麼愛主，天上地下，除了耶穌基督外，再沒有別人；但直到主提出那些深入、刺痛的問題時，他才知道這愛。主的問題總是讓我看清自己。

耶穌基督耐心直接和有技巧地對待彼得！我們的主永遠只會等到適合的時間才提出問題。祂很少，很可能只有一次，將我們迫入死角，以祂始終如一的問題傷害我們，我們便會明白，我們真的愛祂，而那愛的深刻程度，是任何認信都不能表達的。

章伯斯 (Oswald Chambers)

完全改變

約翰福音二十一章17節
耶穌說：「你餵養我的羊。」

親愛的朋友，我懇求你，看彼得完全改變——那使自己高興、信任自己、自私，充滿罪，不斷惹麻煩，愚蠢和衝動的彼得，現在被聖靈和耶穌的生命充滿。基督藉著聖靈為彼得這樣做……

那故事一定是每個真正被神變為祝福的信徒的歷史。那故事預言每個人都可以從天上的神接受甚麼……

彼得，屬肉體的彼得，固執的彼得，十分愛自己的彼得，怎會變成五旬節的那個人，以及他書信的作者？那是因為基督讓他負責，基督看顧他，基督教導和祝福他。基督給他的警告是訓練的一部分；最後是那愛的目光。在受苦中，基督沒有忘記他，而是轉身看他，然後「彼得就出去痛哭」。帶領彼得到五旬節的基督，今天正等候掌管願意降服於祂的每一顆心。

慕安得烈 (Andrew Murray)

他的苦難得到理解

約翰福音二十一章18至19節
「我實實在在地告訴你，你年少的時候，自己束上帶子，隨意往來；但年老的時候，你要伸出手來，別人要把你束上，帶你到不願意去的地方。」(耶穌說這話是指著彼得要怎樣死，榮耀神。)

和很多其他聖徒一樣，蒙福的使徒彼得被判死刑，正如有些人記載，他在羅馬被釘十字架。赫格西僕(Hegesippus)說尼祿(Nero)藉故要殺死彼得；當人們知道時，以很多話懇求彼得離開那個城市。由於他們的強烈要求，彼得終於被說服，準備避風頭。但當他去到城門時，看到主基督來見他，他敬拜主，說：「主啊，祢去哪裏？」主回答說：「我來再次被釘十字架。」這樣彼得認為他的苦難得到理解，於是回到城中。耶柔米說他被倒轉過來，頭向下，腳朝天地釘十字架。這是他自己要求的，因為(他說)他不配和主以同一方式被釘十字架。

佛塞克的殉道之書(Foxe's Book of Martyrs)

這人將來如何？

約翰福音二十一章21至22節

彼得看見他，就問耶穌說：「主啊，這人將來如何？」耶穌對他說：「我若要他等到我來的時候，與你何干？你跟從我吧！」

耶穌令人頗為費解地告訴彼得：「年老的時候，你要伸出手來，別人要把你束上，帶你到不願意去的地方。」(約二十一18) 然後彼得留意到約翰站在附近，於是他說：「主啊，這人將來如何？」(二十一21)……

耶穌的回答一語中的……用簡單的話說，那表示耶穌決定怎樣對待約翰，與彼得無關！約翰的將來完全是耶穌和約翰之間的事。同樣，彼得的將來在耶穌手中，因此，只關乎耶穌和彼得。耶穌就彼得的將來告訴他的話，就是彼得所需要知道的全部。

耶穌補充說：「你跟從我吧！」(約二十一22) 考慮到彼得蒙召活出的將來，他不能容許甚麼令他從跟從耶穌這個基本和耗盡一切的呼召分心。這正是多年前在湖邊，他受到挑戰要做的事，而他的呼召沒有取消或改變。

嘗試明白神怎樣和其他人交往可能令人迷惑。我們可能變得不滿。但有一件事情會有幫助。我們應該讓耶穌做祂的事，那就是帶領；而我們則應該做自己的事，那就是跟從。這樣我們便不會走錯路。

斯圖爾特‧布思高 (Stuart Briscoe)

耶穌頒佈大使命

「所以，你們要去，使萬民作我的門徒，奉父、子、聖靈的名給他們施洗。」

馬太福音二十八章19節

耶穌頒佈大使命

復活令門徒全神貫注，大使命則給他們方向。耶穌原本應許，祂會令他們成為得人的漁夫。祂最後一次差派門徒時，宣告時機已經來到世上。耶穌宣佈來自各國的人都可以成為門徒。每個人都應該聽到福音。

那使命的範圍是全球性的；時間限制則是「直到世界的末了」；那信息是：成為耶穌的門徒，「遵守凡我所吩咐你們的」。

耶穌的使命沒有任何一方面被取消。信徒活在常設的命令之下。如果耶穌的生命和事奉的所有能力和熱情，都傾注在祂最後的話中，我們不能在生命中實行那命令，便可能顯示我們不順服或者不信。大使命的挑戰是嚴肅和個人的；再次思想它在多大程度上反映你怎樣花你的時間。

喜樂的敬拜者

馬太福音二十八章16至17節
十一個門徒往加利利去，到了耶穌約定的山上。
他們見了耶穌就拜他。

到了我們尋求要走的路的終點的人是快樂的，他們驚訝地發現那絕對不是自明的真理：恩典是昂貴的，因為它是神在耶穌基督裏的恩典。耶穌基督單純的追隨者是快樂的，他們被祂的恩典克勝，能夠以謙卑的心高歌讚美基督全然足夠的恩典。那些認識那恩典，可以在世上活著而不致屬於它，藉著跟隨耶穌基督，肯定自己是天上的公民，以致真正自由地在這個世上生活的人是快樂的。知道成為門徒，只是表示生命源自恩典，恩典只是表示成為門徒，這些人是快樂的。以這個意義成為基督徒的人是快樂的。對他們來說，恩典這個詞已經證明是憐憫的泉源。

潘霍華 (Dietrich Bonhoeffer)

要述說一個故事

馬太福音二十八章19節
「所以，你們要去，使萬民作我的門徒。」

我們有一個故事告訴萬國，
這故事會令他們的心歸正，
那是關於真理和憐憫的故事，
關於平安和光明的故事，
關於平安和光明的故事。

我們有一個信息給予萬國，
主在高天上掌權
祂派祂的兒子來拯救我們，
向我們顯明神是愛，
向我們顯明神是愛。

我們有一位救主給萬國看，
祂曾走過哀傷的路，
讓全世界的偉大人物
都可以得到神的真理，
都可以得到神的真理。

尼科爾 (H. Ernest Nichol)

每個國家

馬太福音二十八章19節
「所以，你們要去，使萬民作我的門徒。」

啊，神的教會，興起！
伸出你幫助的手，
好像號角一樣，讓你的聲音
傳到每片土地；
不要放下你的盔甲，
不要在白天或晚間停下來，
要舉起福音真理的寶劍，
為正義揮舞它。

啊，神的教會，興起！
擴闊你的邊界，
直至地上最遙遠的界限
快快傳揚你的信息；
現在你的軍隊強大，
但他們必須更強大，
因為每個國家，每個地區
都要因你而歡欣。

克羅斯比 (Fanny Crosby)

賜給我們話語

馬太福音二十八章20節
「凡我所吩咐你們的，都教訓他們遵守，我就常與你們同在，直到世界的末了。」

我們祈求有話語賜給我們，好像耶利米書記載那樣：「於是耶和華伸手按我的口，對我說：我已將當說的話傳給你。看哪，我今日立你在列邦列國之上，為要施行拔出、拆毀、毀壞、傾覆，又要建立、栽植。」因為我們現在需要一些語言，是能夠將那些針對真理而說出的恥辱，從每一個受傷的靈魂中連根拔起的……我們也需要一些思想，是能夠將所有建基於虛假意見的大廈拉倒……我們要求一種智慧，是會將所有對抗神的知識的關鍵事物扔掉。正如我們必定不能停止將剛才提到的障礙連根拔起和拉倒，我們也必須在障礙被拔出的地方，種植神田地的植物。在障礙被拉倒的地方，我們必須築起神的建築物和祂榮耀的聖殿。為了這個原因，我們也必須向賜下耶利米書提到的恩賜的主祈求，祈求祂可以賜我們話語築起基督的聖殿，種植屬靈的律法，並教導別人也這樣做。

俄利根(Origen)

宣教士

約翰福音二十章21節
耶穌又對他們說：「願你們平安！父怎樣差遣了我，
我也照樣差遣你們。」

耶穌說救恩必須傳講「到地極」。沒有地方可以被忽略，沒有人可以被遺漏。祂沒有說只向好的國家，西方的國家，或者東方的國家傳講。祂沒有說只向那些樂意聽你說話的人，或者那些你喜歡的人，或者那些不會迫害你的人傳講。祂說向所有國家傳講。

耶穌給門徒他們的行軍令時，告訴他們要從耶路撒冷開始，這是他們有最壞經歷和最大失敗的地方。然後他們要去到猶太，他們的鄰舍和猶太親戚居住的地方，這些人知道他們有甚麼最大的缺點。接著，他們要去撒瑪利亞，這是他們最有偏見的地方。從那裏，他們要去到地極……

實際上，在照顧最近的地方前，先去最遠的地方，往往是比較容易的。我們感到自己在自己的「耶路撒冷」實在太為人所認識，我們擔心別人會不相信我們。但我們需要從那裏開始。

吉爾．布思高 (Jill Briscoe)

那幅大圖畫

使徒行傳一章8節
「但聖靈降臨在你們身上，你們就必得著能力，並要在耶路撒冷、猶太全地，和撒瑪利亞，直到地極，作我的見證。」

這就是那幅大圖畫。基督來到，受死和復活，藉以為自己的名，在世界所有民族中聚集一羣喜樂、數之不盡的同伴。這應該是每一個基督徒的夢想……重要的是，數以百萬計的基督徒在世俗工作中實行他們生命的呼召；正如同樣重要的是，在戰爭時期，整個生命和文化都不鬆懈一樣。但在戰爭時期，甚至數以百萬計的平民也喜歡得到來自前線的消息。他們喜歡聽到部隊的勝利。他們夢想戰爭結束的那天。基督徒也是這樣。所有信徒都應該有這個夢想。我們應該喜歡聽到君王耶穌的前進有甚麼進展。我們應該喜愛聽到隨著基督在多個世紀以來都被黑暗的外邦勢力掌管的人民中建立祂的教會時，福音得到勝利的消息。

派博 (John Piper)

那更大的職事

馬太福音二十四章14節
「這天國的福音要傳遍天下，對萬民作見證，
然後末期才來到。」

我記得電視最初出現時的情況。很多基督徒都退避，相信它是由空中掌權者運作的。那惡者肯定對媒介有影響(現在仍然有)，但為甚麼我們不利用電視來宣揚那好消息？為甚麼不利用收音機？為甚麼不利用印刷媒體？為甚麼不利用互聯網？為甚麼不利用任何手頭的方法，將福音的信息傳遍世界？愈遠愈好，愈快愈好，愈早愈好。直到主再來！

耶穌對門徒說的話實際上是：「我在這地上時，被局限在本地。我只能夠接觸我在旅途中遇到的個別男女，對少數本地聽眾說話。但相信我吧，我離開後，聖靈會來充滿我的兒女，給你們力量，我的職事便會好像基督徒那樣擴展到遠處。」

所以，哪裏有基督徒，哪裏就有基督。哪裏有信徒，哪裏就有職事。

耶利米 (David Jeremiah)

分發出去

使徒行傳一章8節
「但聖靈降臨在你們身上，你們就必得著能力，並要在耶路撒冷、猶太全地，和撒瑪利亞，直到地極，作我的見證。」

神給我們的東西，從來都不是讓我們自己保存著。無論是金錢、洞見或真理，都要與別人分享。耶穌在馬太福音二十八章19至20節説出祂的大使命：「所以，你們要去，使萬民作我的門徒，奉父、子、聖靈的名給他們施洗。凡我所吩咐你們的，都教訓他們遵守。」在使徒行傳一章8節，祂對那些見證祂升天的人宣告：「但聖靈降臨在你們身上，你們就必得著能力，並要在耶路撒冷、猶太全地，和撒瑪利亞，直到地極，作我的見證。」耶穌非常清楚地讓祂的門徒知道，祂在過去三年教導他們的真理，不是讓他們留作個人的知識。他們要將他們接受的一切分發出去。

山嘉利（Charles Stanley）

我們的使命

使徒行傳一章8節
「但聖靈降臨在你們身上，你們就必得著能力，並要在耶路撒冷、猶太全地，和撒瑪利亞，直到地極，作我的見證。」

這是今天仍然有效的使命。這不是只給一個羣體，只給作為一個羣體的教會；它不是一個羣體的使命。這是非常個人化的命令，是給每一個信徒的——個人的，私人的。這是在聖靈還未來建立教會前給那些人的。它是今天直接給你和我的命令。我們的責任是將神的話帶到世界。我們不能夠説應該由教會負責差派宣教士傳福音，然後坐下來讓別人做。最重要的問題是：**你**有沒有傳揚神的話？你有沒有到地極為福音作見證？或者你有沒有支持宣教士或宣教的廣播節目？你個人有沒有參與？今天有很多人想談及主再來的時間和機遇，但他們不想參與傳揚神的話。但那是祂的使命——不單給使徒——那是祂給你和我的使命……祂希望人們得救。這是我們的使命。

麥基 (J. Vernon McGee)

甚麼是你的見證？

使徒行傳一章8節
「但聖靈降臨在你們身上，你們就必得著能力，並要在耶路撒冷、猶太全地，和撒瑪利亞，直到地極，作我的見證。」

「在耶路撒冷」，對我們來説，這表示我們的家鄉，那裏應該有基督的見證。「猶太全地」等於我們的社區；「撒瑪利亞」代表另一面的人，和我們沒有聯繫的人。雖然我們可能在社交上沒有和這些人接觸，但我們要將福音帶給他們。當然，我們不能夠和每一個人接觸。我們可以好像任何人一樣選擇自己的朋友。這是我們擁有的部分自由。有些人不想和我們有任何聯繫。有很多人不想我在他們周圍出現。我會妨礙他們的作風。但我們有榮幸和責任將神的話傳給別人，無論我們在社交上和他們有沒有聯繫。

最後，這對基督的見證要去到地上最遠的地方。我們永遠都不應該忽視這是主的意圖這個事實。祂告訴我們，如果我們愛祂，便會守祂的誡命。而祂的誡命是個人的。我們不能夠將它交給羣體，然後説：「教會正在做；所以我毋須參與。」朋友，你參與了多少？甚麼是你對基督的見證？

麥基 (J. Vernon McGee)

你是那故事

使徒行傳一章8節

「但聖靈降臨在你們身上，你們就必得著能力，並要在耶路撒冷、猶太全地，和撒瑪利亞，直到地極，作我的見證。」

基督告訴世界神的愛所採取的策略核心有點與別不同：祂透過每個追隨者日常身處的地方作見證。

這令每個信徒都變得不可或缺。基督的每個追隨者都花很多時間在專業神職人員不在之處：與不信的人接觸。而愛只有在接觸時才能夠發揮效用！

這就是五旬節的重點(徒二章)。在那裏，聖靈賜給每個門徒(120人)，而不單是使徒(12人)。其後，聖靈也降在那三千個回應他們的見證的人身上。五旬節實現了基督最後一段話那驚人的應許：「我所做的事，信我的人也要做，並且要做比這更大的事」(約十四12)。

耶穌在祂道成肉身——在祂自己的身體——開始的工作，現在同時透過每個信徒的身體繼續下去，無論他們在哪裏。耶穌在地上短暫的職事中開始了一些事情，在祂升天後透過祂的身體，也就是教會繼續下去。

使徒行傳記錄了那延續。

而使徒行傳**仍然在撰寫中**！

夏維信 (Richard Halverson)

活水的江河

約翰福音七章38節
「信我的人就如經上所說：『從他腹中要流出活水的江河來。』」

耶穌被掛在十字架上，祂被撕裂，祂死去。雖然祂在加略山高呼：「我的神！我的神！為甚麼離棄我？」但這不是祂最後的話。祂最後說的是：「成了。」然後轉向天父說：「父啊！我將我的靈魂交在你手裏。」那工作完成了，自從五旬節開始，每一個相信耶穌是救主的人都有聖靈，基督的靈，真理的靈——這些詞語都指同一個位格——活在他或她裏面。聖靈不是某種內在力量或心理上的整全，而是活水江河的源頭。在乾旱時需要有活水，有水的花園。聖靈住在裏面！

這些江河不單要滔滔湧流，也要擴散；「活水的江河」要**湧流**，流到其他地方。聖靈不是要被我自私地留給自己，好像小孩將寶物緊握在自己手中一樣。活水不能被攔截，直到它們變成一池死水。它們要成為不斷湧流的河。

薛華 (Francis Schaeffer)

獻出你自己

約翰福音七章38節
「信我的人就如經上所說：『從他腹中要流出活水的江河來。』」

我愈明白和默想耶穌為我而自己降服，我便愈多將自己獻給祂。那降服是相互的：來自雙方的愛。祂獻出自己，在我心裏留下深刻的印象，以致我的心以完全相同的愛和喜樂完全屬於祂。透過將自己獻給我，祂自己佔有我；祂成了我的，我也成了祂的。我知道我有耶穌全然為我，祂也有我全然為祂……

那麼，我怎樣完全享受這蒙福的生命？……透過信心我思想和默想祂對我的降服是確定和榮耀的。透過信心我取用這降服。透過信心我信靠耶穌肯定這降服，向我傳達祂自己，在我裏面顯明祂自己。透過信心我肯定地等候完全經驗那救恩。那救恩是源自有耶穌屬我，做一切的事，為我做一切的事。透過信心，我在這位愛我，將自己賜給我的耶穌裏面活著。

慕安得烈 (Andrew Murray)

祂同在的證明

羅馬書八章36節
如經上所記：我們為你的緣故終日被殺；
人看我們如將宰的羊。

偉大的君王差派一位使者到叛逆的百姓那裏時，你預期那是有無情的力量和可怕的任務。但當神差派祂的兒子來到我們這些叛逆的人這裏時，祂以溫柔和謙卑差派祂的兒子來，雖然祂是君王差派兒子，而這兒子也是君王。

祂差派耶穌作為神，但祂也差派祂成為人，到人那裏。祂差派耶穌執行憐憫、勸說而不是**武力**的任務。武力對神的本性來說是陌生的。耶穌來邀請人，而不是迫使他們悔改。神差派祂的動機是愛，不是審判……雖然終有一天祂**會**差派祂來審判，而且「誰能忍受他再來的日子」？

我們怎知道祂來，神的兒子，人的兒子？我們知道，因為我們看見祂來的結果——我們看見祂的追隨者拒絕否認祂，即使他們被拋給野獸或受折磨；我們看到迫害愈大，他們的人數愈多；我們看到沒有任何東西能夠征服他們對主的信心。這些事情都不是必死的人的工作。它們證明神的能力。它們證明基督的同在。

丟格那妥書 (Epistle of Diognetus)

福音的核心

羅馬書三章25至26節

神設立耶穌作挽回祭，是憑著耶穌的血，藉著人的信，要顯明神的義；因為他用忍耐的心寬容人先時所犯的罪，好在今時顯明他的義，使人知道他自己為義，也稱信耶穌的人為義。

福音告訴我們，我們的創造主變成了我們的救贖主。它宣告神的兒子「為我們人和我們的救恩」而成為人，並死在十字架上，藉以拯救我們脱離永恆的審判。聖經中關於基督拯救的死的基本描述是**挽回祭**，也就是藉著從神眼中擦去我們的罪，平息神對我們的憤怒。神的憤怒是祂對不公義的公義反應；以報應的公義顯示出來。但耶穌基督順從祂天父的旨意，成了代表我們的替代，代替我們接受我們罪的報應，藉以保護我們，免受報應公義。這樣，公義便實現了，因為在神的兒子受到審判和懲罰後，所有人的罪都得到赦免，以此為基礎，我們這些犯罪的人都得到赦免。可以説，在加略山，救贖的愛和報應的公義攜手合作，因為在那裏，神顯示祂自己是「公正的，將那些對耶穌有信心的稱義」。

你明白這點嗎？如果你明白，你現在便看到基督教福音的核心。

巴刻 (J. I. Packer)

好消息

約翰福音一章12節
凡接待他的，就是信他名的人，他就賜
他們權柄作神的兒女。

我們的生命遠離神，不可能靠著自己的能力回到高在天上的地方……神藉著將我們的咒詛歸到自己身上，使我們脱離那咒詛……成了我們的樣式後，祂透過自己，再次使人和神聯繫起來。透過潔淨，祂帶給我們新的自我，是按照神的形像受造的，令我們和我們本性的天父有親密的關係。神的所有豐富都實質地棲居在祂裏面。祂將分有祂的身體，並和祂相似的一切帶到同一的恩典中。祂向每一個成為那道的門徒的人……宣告那好消息，直到今天。那好消息就是，人們不再受譴責，或者被趕出神的國。他們再次成為兒女，回復神給他們的地位……為了我們的緣故，祂取了血肉之軀，並拯救我們。祂帶我們回到我們走離的地方，藉著罪成為血肉之軀。我們以前因為叛逆而遠離祂，現在祂卻成了我們的父和我們的神。

女撒的貴格利（Gregory of Nyssa）

分有祂的苦難

腓立比書三章10節
使我認識基督，曉得他復活的大能，並且曉得和他一同受苦，效法他的死。

我帶著復活的身軀去到天堂時，希望做以下的事。那在神學上可能是錯誤的，但我希望帶著我的舊輪椅一起去。不是我那張流線型的旅行型號，而是在我南加州使用的古老舍曼 (Sherman) 牌輪椅——我那殘舊、笨重、塵封的輪椅。我站在耶穌面前時，希望有它在我身邊，因為這樣我便可以說：「主耶穌，祢看見這東西嗎？祢將它送到地獄前，我要告訴祢一件事。我坐在這輪椅上超過三十年。祢是對的。在這個世界我確實有困難。但在那輪椅中的生命愈困難，我愈倚靠祢。而主啊，我愈倚靠祢，便發覺祢愈堅強。和在祢受苦的團契中分享的特權相比，那痛苦是輕微和短暫的。祢為罪死，我向罪死，我就是這樣在祢的死中變得像祢。如果我沒有癱瘓，我不認為自己會關心這些事情。但主啊，在分擔祢的苦難的過程中，我和祢更親近。我感受到祢的力量。我能夠向別人展示祢的微笑，而奇迹地，我的心和祢的心一起跳動。」

艾鍾妮 (Joni Eareckson Tada)

佔據我們思想的

希伯來書十二章1節

我們既有這許多的見證人，如同雲彩圍著我們，就當放下各樣的重擔，脫去容易纏累我們的罪，存心忍耐，奔那擺在我們前頭的路程。

內住的基督的能力，令有活力的基督徒生存下去，對生命感到興奮……

我們在內住的基督的能力中行走時，永恆的價值觀對我們來說變得更重要。失喪的人佔據了我們的思想，因為失喪的人也佔據神的思想。雖然我們仍然有工作，要謀生，要支付帳單，但這些事情不再是我們生命的焦點。雖然我們努力保持自己的吸引力，但我們沒有將心思全部放在衣服、髮型或鞋子上。我們的主要目的和興奮的來源是與失喪的人接觸……

當耶穌的生命在我們裏面工作，使我們能夠在生命中自然地傳達福音時，我們便會每天都得到更新。

包樂 (Luis Palau)

耶穌升天

「加利利人哪，你們為甚麼站著望天呢？這離開你們被接升天的耶穌，你們見他怎樣往天上去，他還要怎樣來。」

使徒行傳一章11節

耶穌升天

神到地上時，祂到達和離開的方式是完全出人意表的。祂以嬰兒的身分來到——隱藏、謙卑、平凡得令人絕對吃驚。祂好像所有人那樣來到，因為祂有東西賜給所有人。祂離開時卻在清晰的目光中這樣做。祂沒有消失；而是升天。祂離去了，但祂即將再來卻是每天都可能發生的事情，正如祂應許那樣。

耶穌升天是開始多於結束。祂消失在雲中時，那預期便開始。神希望那預期是積極、驚險和有意義的。祂指示我們警醒和等候——忙碌地。我們過分專注於警醒時，便沒有執行祂的命令。我們過分著重等候時，便開始看不到祂再來的應許。最初的門徒在那裏站了一會，凝視著天空。他們明顯因為事情令人驚訝的發展而目瞪口呆。一位天使要提醒他們，在耶穌以和祂離開一樣的方式再來前，他們有工作要做。

這一節討論中間的時間，我們警醒和等候的時間。耶穌已經預備了一個地方。祂會再來。你會準備好嗎？

選擇站在哪一方

馬太福音二十八章17節
他們見了耶穌就拜他，然而還有人疑惑。

每個人都有意見。每個人都選擇一方。對好像這樣的問題，你不能夠中立。冷淡？不是這次。要不是一方，就是另一方。所有人都要選擇。

他們也作出選擇。

對每個狡猾的該亞法，都有一個勇敢的尼哥底母。對每個犬儒的希律，都有一個有疑問的彼拉多。對每個滿口髒話的強盜，都有一個尋求真理的強盜。對每個背叛的猶大，都有一個忠心的約翰。

釘十字架有某些東西，令每個見證人要不是向它走，就是離開它。它同時催迫人，又排斥人。

今天，二千年後，情況仍然一樣。那是分水嶺。那是大陸分界線。那是諾曼第。你要不是在一邊，就是在另一邊。你需要作出選擇。我們可以按自己的喜好對待十字架。我們可以研究它的歷史。我們可以研究它的神學。我們可以思想它的預言。但有一件事是我們不能夠做的，就是中立地走開。不容許騎牆。十字架，它荒謬的光輝，不容許這樣。神在祂極大的憐憫中，並不容許這種奢侈。

你站在哪一邊？

路卡杜 (Max Lucado)

看不見

使徒行傳一章9節
説了這話，他們正看的時候，他就被取上升，有一朵雲彩把他接去，便看不見他了。

祂走了——一團光雲
將祂從我們的目光中接走；
在高天之上，那裏是人眼
看不到的，天使的視界也不能及；
穿過時空的幔子，
進入至聖之處；
那勞苦，那哀傷都結束了，
戰爭已經完結，已經得勝。

祂走了——但不是徒然的，
等候祂再來：
祂復活了，祂不在這裏，
遠遠高於這地上；
更在心和思想裏
我們在祂裏面找到平安：
對我們永恆的朋友，
讓我們升到祂那裏。

斯坦利 (Arthur P. Stanley)

那打開的門

路加福音二十四章51節

正祝福的時候，他就離開他們，被帶到天上去了。

我們的主升天，進入天堂，為人將天堂的門打開。

在升天的山上，變像完成了。如果耶穌從變像山升到天上，便會獨自離去；祂對我們來說只會是一個榮耀的人物。但祂沒有迎上那榮耀，而是從那座山下來，和墮落的人認同。

升天是變像的完成。我們的主現在回到祂原初的榮耀；但祂並不是單以神的兒子這個身分回去；祂同時以**人子**和神子這兩個身分回到神那裏。現在每個人都可以透過人子自由地去到神的寶座。身為人子，耶穌基督故意限制自己的全能、全在和全知。現在這一切都是祂完全絕對的能力。身為人子，耶穌基督在神的寶坐擁有一切能力。祂從升天那天直到如今，都是萬王之王，萬主之主。

章伯斯 (Oswald Chambers)

榮耀的雲

使徒行傳一章9節

說了這話，他們正看的時候，他就被取上升，有一朵雲彩把他接去，便看不見他了。

有一朵雲迎接祂。那是怎樣的雲？那是潮濕的雲嗎？不，這是充滿會幕的神的臨在(*shekinah*)——榮耀的雲。耶穌在祂的大祭司禱告中祈求：「父啊，現在求你使我同你享榮耀，就是未有世界以先，我同你所有的榮耀」(約十七5)。祂在這世界出生時，被包裹在長布條裏。祂離開這個世界時，被榮耀的雲包裹著。這就是祂回到天父右邊的方式……

進入天堂的是榮耀的耶穌。這同一位耶穌，榮耀的耶穌，會以同樣的方式回到同一個地方。撒迦利亞書十四章4節告訴我們：「那日，他的腳必站在耶路撒冷前面朝東的橄欖山上。這山必從中間分裂，自東至西成為極大的谷。山的一半向北挪移，一半向南挪移。」祂從那裏出發，也會回到那個地方。

麥基(J. Vernon McGee)

歡呼！得勝的耶穌！

使徒行傳一章9節

說了這話，他們正看的時候，他就被取上升，有一朵雲彩把他接去，便看不見他了。

歡呼！得勝的耶穌，歡呼！
在袮榮耀的雲航行
在長長的得勝中越過天空，
上升到高處正在等待的世界。

天空大開它的眾門，
榮耀的英雄，越過它們：
榮耀的王坐上袮的寶座，
袮偉大的父，和袮自己的寶座。

眾天上的詩班都要讚美祂，
狂喜，彈奏你們高聲的豎琴
人的兒子，以謙卑的旋律，
高唱袮大能救主的統治。

每個音符都充滿奇妙；
罪被打倒，地獄被擄！
死啊，如今你的毒鈎安在？
被消滅的王，你的恐怖安在！

季博昂 (Thomas Gibbons)

祂會再來

使徒行傳一章11節

「加利利人哪，你們為甚麼站著望天呢？這離開你們被接升天的耶穌，你們見他怎樣往天上去，他還要怎樣來。」

全然憐憫和付出的天父，溫柔地對那些敬畏祂的人，仁慈和充滿愛地將好東西賜給那些懷著信靠的心來到祂面前的人。因此，讓我們不要三心兩意；也不要讓我們的靈魂因為祂極大和榮耀的恩賜而驕傲。有人寫道：「三心兩意、心裏疑惑的人有禍了，他們説：我們甚至在我們祖先的時代已經聽過這些事；但看啊，我們已經老了，這一切全都沒有發生在我們身上。」我們絕對不是這樣，你們愚蠢的人！相反，將你們自己比作一棵樹：例如葡萄樹。首先，它掉下它的葉，然後它長出花蕾，接著它披上葉子，然後開花；其後有酸葡萄，最後變成成熟的葡萄。你看，在短短的時間內，一棵樹的果實便變得成熟。神的旨意也會這樣實現，很快、很突然地，聖經也見證説：「他必快來，並不遲延」，而且「主，你們尋找的那聖者，會突然來到他的聖殿」。

羅馬的革利免 (Clement of Rome)

祂的國會降臨

彌迦書四章3節

他必在多國的民中施行審判，為遠方強盛的國斷定是非。
他們要將刀打成犁頭，把槍打成鐮刀。這國
不舉刀攻擊那國；他們也不再學習戰事。

在耶穌的時代，以色列人仍然期望這恢復。耶穌被釘十字架前，祂的門徒相信耶穌會實現彌迦的預言，令以色列不再被羅馬佔領，為他們帶來和平與繁盛。但祂死時，他們的希望幻滅了。不過，祂從死裏復活後，門徒很快便重拾他們較早時的希望，問耶穌說：「主啊，你復興以色列國就在這時候嗎？」(徒一6) 耶穌在回應中清楚表明，祂的國不是那種國。相反，祂顯示彌迦的預言會在祂的永恆國度被得蒙救贖的人居住時，得到建立時實現。

這就是基督徒一再祈求的國度，「願你的國降臨」(太六10)，關於這個國，耶穌說：「我的國不屬這世界」(約十八36)。戰爭有一天會止息，但只在基督的永恆國度降臨之時。到了那時，保羅的話便十分有力：「若是能行，總要盡力與眾人和睦」(羅十二18)。我們可能不能停止戰爭。但靠著神的恩典，我們可以服從這個命令，並「盡力」與眾人和睦。

斯圖爾特．布思高 (Stuart Briscoe)

在神的右邊

羅馬書八章34節

誰能定他們的罪呢？有基督耶穌已經死了，而且從死裏復活，現今在神的右邊，也替我們祈求。

對耶穌來說，升天是神**至高地肯定**祂要來做的工作，已經完全令天父滿意地完成，現在祂升到天父的右邊。「神的右邊」是象徵的語言，指神的全能。「坐」並不表示祂在休息，而是指以王的身分統治，並運用神的全能。因此，升天的教義是神肯定基督對整個宇宙的絕對主權……

對信徒來說，我們主的升天對我們有蒙福的含義。雖然祂的身體離我們很遠，祂的靈總是靠近我們。現在不受地上的限制，祂在天上的生命同時是我們的應許和保證。祂向門徒保證：「因為我活著，你們也要活著。」(約十四19) 祂升天預示我們得榮耀，給我們保證，祂去是為我們預備地方 (約十四2) ……

我們記得祂將祂的人性一起帶回天上時，令祂和我們相當接近 (來二14～18，四14～16) 。

「他……擄掠了仇敵」(弗四8) 。祂的升天是祂得勝地回到天上，顯示罪暴虐的統治已經結束。

孫德生 (J. Oswald Sanders)

豐盛的生命！

約翰福音十章10節
「我來了，是要叫人得生命，並且得的更豐盛。」

神愛我們的偉大作為是將祂的兒子賜給我們。在祂裏面，我們擁有一切。因此，我們心裏的偉大工作必須是接受這位已經賜給我們的耶穌，考慮祂，和將祂當為屬於我們那樣運用祂。我必須以一個思想重新開始每一天，想著我有耶穌為我做一切……在一切軟弱、黑暗或危險中，在每一個欲望或需要中，讓你最先想到的總是，我有耶穌為我將一切都弄妥，因為神已經將祂賜給我。無論你需要的是赦免、安慰還是肯定，無論你墮進危險，還是受試探墮進危險中，無論你在某些事情上不知道神的旨意，還是知道自己沒有勇氣和力量實行那旨意，最先想到的總要是天父已經將耶穌賜給我，讓祂來照顧我……為了這個原因，每天都視神這份恩賜是你的……接受祂，在你心中的愛裏抓緊祂。

慕安得烈 (Andrew Murray)

資料來源

Arthur, Kay. Excerpts taken from: *Beloved.* Copyright ©1994 by Kay Arthur. Published by Harvest House Publishers, Eugene, OR. Used by Permission.

Begg, Alistair. *What the Angels Wish They Knew.* Chicago: Moody Publishers, 1998.

Blackaby, Henry and Claude King. *Experiendng God workbook.* Nashville: LifeWay, 1990.

Boice, James Montgomery. *Amazing Grace.* Wheaton, Ill.: Tyndale House Publishers, 1993.

Bonhoeffer, Dietrich. *The Cost of Discipleship.* New York: The Macmillan Co., 1967.

Bright, Bill. *God: Discover His Character:* Orlando, Fla.: NewLife, Publications, 1999.

Briscoe, Jill. *Daily Study Bible for Women.* Wheaton: Tyndale House Publishers, 1999.

Briscoe, Jill. *The Heartbeat of Jesus.* Wheaton, Ill.: Scripture Press, Victor Books, 1984.

Briscoe, Stuart. *The One Year Book of Devotions for Men.* Wheaton, Ill.: Tyndale House Publishers, 2000.

Bruce, F. F. Quotations taken from *Hard Sayings of Jesus* by F. F. Bruce. © 1983 F. F. Bruce. Used by permission of InterVarsity Press, P.O. Box 1400, Downers Grove, IL 60515. www.ivpress.com.

Campolo, Anthony. *The Power Delusion.* Wheaton, Ill.: Victor Books, 1984.

Carmichael, Amy. *Edges of His Ways.* Fort Washington, Penna.: Christian Literature Crusade, 1955.

Chambers, Oswald. *My Utmost for His Highest.* New York: Dodd, Mead, and Company, 1935.

Chesterton, G. K. *The Everlasting Man.* Garden City, New York: Image Books, Doubleday & Co., 1955.

Colson, Charles W. *Born Again.* Old Tappan, New Jersey: Fleming H. Revell, a division of Baker Book House Company, 1976.

Curtis, Brent and John Eldredge. Reprinted by permission of Thomas Nelson Inc., Nashville, TN., from the book entitled *The Sacred Romance,* copyright date 1997 by Thomas Nelson Publishers. All rights reserved.

DeMoss, Nancy Leigh. *Lies Women Believe.* Chicago: Moody Publishers, 2001.

Edersheim, Alfred. *The Life and Times of Jesus the Messiah.* McLean,Virginia: MacDonald Publishing Company, n.d.

Elliot, Elisabeth. From *A Lamp for My Feet* by Elisabeth Elliot © 1985 by Elisabeth Elliot. Published by Servant Publications, P.O. Box 8617, Ann Arbor, Michigan, 48107. Used with permission.

Evans, Anthony T. *Who is This King of Glory?* Chicago: Moody Publishers, 1999.

Fernando, Ajith. *The Supremacy of Christ.* Wheaton, Ill.: Crossway Books, 1995.

Foster, Richard J. *Prayer*. San Francisco: HarperSanFrancisco, a division of HarperCollins Publishers, 1992.

Foxe's Book of Martyrs. Old Tappan, New Jersey: Fleming H. Revell, 1989.

Gariepy, Henry. *100 Portraits of Christ.* Wheaton, Ill.: Victor Books, 1987.

Gire, Ken. *The Divine Embrace.* Wheaton, Ill.: Tyndale House Publishers, 2003.

Graham, Billy. *Angels: God's Secret Agents.* New York: Pocket Books, a division of Simon & Schuster, 1975.

Guinness, Os. Reprinted by permission. *The Call,* Os Guinness, 1998, W. Publishing, Nashville, Tennessee. All rights reserved.

Halverson, Richard C. *No Greater Power.* Portland: Multnomah Press, 1986.

Hayford, Jack. *The Visitor.* Wheaton, Ill.:Tyndale House Publishers, 1986.

Jeremiah, David. Excerpted from *God in You.* © 1998 by David Jeremiah. Used by permission of Multnomah Publishers, Inc.

Jeremiah, David. *Life Wide Open.* Nashville: Integrity Publishers, 2003.

Jeremiah, David. *My Heart's Desire.* Nashville: Integrity Publishers, 2002.

Jeremiah, David. *Sanctuary.* Nashville: Integrity Publishers, 2002.

Jones, E. Stanley. *A Song of Ascents.* Nashville: Abingdon Press, 1968. Used by permission.

Jones, Russell Bradley. *Gold From Golgotha,* 1945. © Impact Christian Books, 332 Leffingwell Ave., Kirkwood, MO 36122. www.impactchristianbooks.com.

Keller, W. Phillip. *Rabboni.* Old Tappan, New Jersey: Fleming H. Revell Company, 1977.

L'Engle, Madeleine. Reprinted from *Penguins & Golden Calves.* Copyright © 1996 by Crosswicks, Inc. Used by permission of WaterBrook Press, Colorado Springs, CO. All rights reserved.

L'Engle, Madeleine. Reprinted from *The Rock That Is Higher.* Copyright © 1993 by Crosswicks, Inc. Used by permission of WaterBrook Press, Colorado Springs, CO. All rights reserved.

Laurie, Greg. *Breakfast with Jesus.* Wheaton, Ill.: Tyndale House Publishers, 2003.

Life Application Study Bible. Quotation taken from Personality Profile of Judas. *Life Application Study Bible* copyright © 1988, 1989, 1990, 1991, 1993, 1996 by Tyndale House Publishers, Inc., Wheaton, IL 60189. All rights reserved.

Lockyer, Herbert. *Seven Words of Love.* Waco, Tex.: Word Books, 1975.

Lotz, Anne Graham. Reprinted by permission. *God's Story.* Anne Graham Lotz, 1999, W. Publishing, Nashville, Tennessee. All rights reserved.

Lucado, Max. Reprinted by permission. *He Chose the Nails,* Max Lucado, 2000, W. Publishing, Nashville, Tennessee. All rights reserved.

Lucado, Max. *It's Not About Me.* Nashville: Integrity Publishers, 2003.

Lucado, Max. *No Wonder They Call Him the Savior*. Portland, Ore.: Multnomah Press, 1986.

Lucado, Max. *Six Hours One Friday.* Carmel, New York: Guideposts,1989.

Lucado, Max. Reprinted by permission. *When Christ Comes,* Max Lucado, 2000, W. Publishing, Nashville, Tennessee. All rights reserved.

Lutzer, Erwin. *Cries from the Cross.* Chicago: Moody Publishers, 2002.

MacArthur, John. *Truth for Today* by John MacArthur. Copyright 2001 by John MacArthur. Used by permission of J. Country-man, a division of Thomas Nelson, Inc.

Mains, David. *8 Survival Skills for Changing Times.* Wheaton, Ill.: Chariot Victor Books, 1993.

Mains, Karen. Reprinted by permission of Thomas Nelson Inc., Nashville, TN., from the book entitled *Comforting One Another*, copyright date 1997 by Karen

Mains. All rights reserved.

Marshall, Catherine. Reprinted by permission. *The Helper*, Catherine Marshall, 1978, W. Publishing, Nashville, Tennessee. All rights reserved.

Marshall, Peter. *The First Easter.* Old Tappan, New Jersey: Chosen Books, Fleming H. Revell, a division of Baker Book House Company, 1959.

McDowell, Josh. *More Than a Carpenter*. Wheaton, Ill.: Tyndale House Publishers, 1977.

McGee, J. Vernon. *Acts: Chapters 1-14* in the *Thru the Bible Commentary Series.* Nashville: Thomas Nelson Publishers, 1991. Used by permission of Thomas Nelson, Inc.

Meyer, Joyce. *Battlefield of the Mind.* New York: Warner Faith, a division of Warner Books, 2002.

Meyer, Joyce. *Knowing God Intimately.* New York: Warner Faith, 2003.

Miller, Calvin. *Into the Depths of God.* Minneapolis: Bethany House Publishers, a division of Baker Book House Company, 2000.

Moore, Beth. *Beloved Disciple* workbook. Nashville: LifeWay Press, 2002.

Moore, Beth. *Jesus, The One and Only.* Nashville: Broadman & Holman Publishers, 2002.

Osborne, Grant and Philip Comfort, eds. *John.* In the *Life Application Bible Commentary Series.* Wheaton, Ill.: Tyndale House Publishers, Inc., 1993.

Osborne, Grant and Philip Comfort, eds. *Mark.* In the *Life Application Bible Commentary Series.* Wheaton, Ill.: Tyndale House Publishers,lnc., 1994.

Osborne, Grant and Philip Comfort, eds. *Matthew* In the *Life Application Bible Commentary Series.* Wheaton, Ill.: Tyndale House Publishers, Inc., 1996.

Packer, J. I. *I Want to be a Christian.* Wheaton, Ill.: Tyndale House Publishers, 1987.

Packer, J. I. Quotations taken from *Knowing God* by J.I. Packer. © 1973 J.I. Packer. Used by permission of InterVarsity Press, P.O. Box 1400, Downers Grove, IL 60515. www.ivpress.com.

Palau, Luis. *Stop Pretending.* Colorado Springs: Nexgen, an imprint of Cook Communications, 2003. Cook Communications Ministries, Colorado Springs, CO 80918.

Pink, Arthur W. *Gleanings in the Godhead.* Chicago: Moody Publishers, 1975. (Now published under the title *The Nature of God.*)

Piper, John, *Don't Waste Your Life.* Wheaton, Ill.: Crossway Books, 2001.

Pippert, Rebecca Manley. Quotations taken from *Out of the Salt Shaker and Into the World* by Rebecca Manley Pippert. © 1999 by Rebecca Manley Pippert. Used by permission of InterVarsity Press, P.O. Box 1400, Downers Grove, IL 60515. www.ivpress.com.

Pollock, John. *The Master*. Wheaton, Ill.: Victor Books,1985.

Sanders, J. Oswald. *The Incomparable Christ.* Chicago: Moody Publishers, 1952.

Sauer, Erich. *The Triumph of the Crucified,* translated by G. H. Lang. Grand Rapids: Wm. B. Eerdmans Publishing Company, 1957.

Sayers, Dorothy. *The Whimsical Christian, "The Greatest Drama Ever Staged."* NewYork: Collier Books, Macmillan Publishing Company, 1978.

Schaeffer, Edith. *Christianity is Jewish.* Wheaton, Ill.: Tyndale House Publishers, 1975.

Schaeffer, Francis A. *No Little People.* Wheaton, Ill.: Crossway Books,1974, 2003.

Smedes, Lewis B. Reprinted from *How Can It Be All Right When Everything Is All Wrong?* Copyright © 1999 by Lewis B. Smedes. Used by permission of WaterBrook Press, Colorado Springs, CO. All rights reserved.

Sproul, R. C. *The Holiness of God.* Wheaton, Ill.: Tyndale House Publishers, Inc., 1998.

Stanley, Charles. Reprinted by permission of Thomas Nelson Inc., Nashville, TN., from the book entitled *How to Listen to God* copyright date 1985 by Oliver Nelson Books. All rights reserved.

Stott, John R.W. Quotations taken from *The Cross of Christ* by John R. W. Stott. © 1986 John R. W. Stott. Used by permission of InterVarsity Press, P.O. Box 1400, Downers Grove, IL 60515. www.ivpress.com

Stowell, Joseph M. *Why It's Hard to Love Jesus.* Chicago: Moody Publishers, 2003.

Swindoll, Charles R. *Rise and Shine.* Portland, Ore.: Multnomah Press,1989.

Tada, Joni Eareckson. Quotations taken from *Praying Through Life's Problems.*

Nashville: Integrity Publishers. Copyright ©2003 by the American Association of Christian Counselors.

Ten Boom, Corrie. *Amazing Love.* Fort Washington, Penna.: Christian Literature Crusade, 1953.

Tozer, A. W. Reprinted from *The Pursuit of God* by A. W. Tozer, copyright © 1982, 1993 by Christian Publications, Inc. Used by permission of Christian Publications, Inc., 800.233.4443, www.christianpublications.com.

Van Impe, Jack. *Great Salvation Themes.* Troy, Mich.: Jack Van Impe Ministries, 1991.

Veerman, David. *Beside Still Waters.* Wheaton, Ill.: Tyndale House Publishers, 1996.

Veerman David. *On Eagle's Wings.* Wheaton, Ill.: Tyndale House Publishers, 1995.

Wiersbe, Warren W. *Meet Your King.* Wheaton, Ill.: Victor Books,1980.

Wirt, Sherwood Eliot. *Jesus Man of Joy.* Eugene, Ore.: Harvest House Publishers, 1999.

Yancey, Philip. Quotation first appeared in the June 17, 1996 issue of Christianity Today Magazine. Used by permission of Christianity Today International. www.CTLibrary.com.

Zacharias, Ravi. Reprinted by permission. *Jesus Among Other Gods,* Ravi Zacharias, copyright date 2000, W. Publishing, Nashville, Tennessee. All rights reserved.

Zacharias, Ravi. *Recapture the Wonder:* Nashville: Integrity Publishers, 2003.

靈修著作精選

重整靈性生命，陶冶完善人格。

敢於跟隨主

鄧瑞強 著／HK$58

禱告操練 7 堂課——學習主禱文

翟慶才 著／HK$68

敬虔操練 13 課

翟慶才 著／HK$68

生命成長 17 課——學習聖靈果子和八福

翟慶才 著／HK$68

與上帝同行的生命旅程

Living in the Companionship of God

珍・約翰遜 (Jan Johnson) 著／李小釧 譯／HK$68

凡事信靠：詩篇二十三篇

Trusting God for Everything: Psalm 23

珍・約翰遜 (Jan Johnson) 著／李小釧 譯／HK$68

禁食，讓身體說話

Fasting

麥克奈特 (Scot McKnight) 著／陳永財 譯／HK$88

歸心祈禱的操練——與上帝親密同行 40 天
Forty Days to a Closer Walk with God: The Practice of Centering Prayer

大衛．邁思勤 (J. David Muyskens) 著／陳群英 譯／ HK$78

尋訪古老的屬靈踐行
Finding Our Way Again: The Return of the Ancient Practices

麥拉倫 (Brian D. McLaren) 著／陳永財 譯／ HK$88

靈心明辨——在日常生活中體悟上帝的旨意
Discernment: Reading the Signs of Daily Life

盧雲 (Henri J. M. Nouwen)、克理斯坦森 (Michael J. Christensen)、萊爾德 (Rebecca J. Laird) 著／黃大業 譯／ HK$98

靜修靈旅——在靜默和歌聲中默想聖經
Seeds of Trust: Reflecting on the Bible in Silence and Song

泰澤 (TAIZE) 著／陳翠婷 譯／ HK$63

禱告與應許——給病患者的 30 天靈修指引
Prayers & Promises: When Facing a Life-Threatening Illness

艾德華．多布森 (Edward G.Dobson) 著／明朗兒 譯／ HK$68

感恩
Uncommon Gratitude: Alleluia for All That Is

羅雲．威廉斯 (Rowan Williams)、卓滌娜 (Joan Chittister) 著／陳恩明 譯
HK$83

我一直以為，人生是這樣走的——為生命重新導航
Breaking the Idols of Your Heart: How to Navigate the Temptations of Life
艾倫德 (Dan B. Allender)、朗文 (Tremper Longman III) 著／李小釧 譯
HK$98

尚待揭曉——與上帝一起編寫你的未來
To be Told: God Invites You to Coauthor Your Future
艾倫德 (Dan B. Allender) 著／黃東英 譯／ HK$88

把難處變為優勢：作蹣跚的領袖
Leading with a Limp: Turning Your Struggles into Strengths
艾倫德 (Dan B. Allender) 著／陳永財 譯／ HK$93

把難處變為優勢：作蹣跚的領袖（習作本）
Leading with a Limp Workbook: Turning Your Struggles into Strengths
艾倫德 (Dan B. Allender) 著／陳永財 譯／ HK$53

與潘霍華一同默想主的降生—— 41 天靈修之旅
God Is in the Manger: Reflections on Advent and Christmas
潘霍華 (Dietrich Bonhoeffer) 著／陳永財 譯／ HK$68

學作主的門徒——與潘霍華一同靈修 40 天
40-Day Journey with Dietrich Bonhoeffer
羅恩・克盧格 (Ron Klug) 編／李金好 譯／ HK$68

隱藏的整全——朝向不再分割的生命
A Hidden Wholeness: The Journey Toward an Undivided Life
帕克・帕爾默（Parker J. Palmer）著／陳永財 譯／ HK$88

弔詭的應許——在矛盾中擁抱生命
The Promise of Paradox: A Celebration of Contradictions in the Christian Life
帕克・帕爾默（Parker J. Palmer）著／陳永財 譯／ HK$78

當祂甘願被掛在木頭上——默想十架下的 11 個相遇
At the Cross: Meditations on People Who Were There
包衡（Richard Bauckham）、哈特（Trevor Hart）著／弗恩（Helen Firth）插圖
陳永財 譯／ HK$88

在生命境況中尋見上帝——給當代讀者的舊約故事
Finding God in the Midst of Life: Old Stories for Contemporary Readers
包衡（Richard Bauckham）、哈特（Trevor Hart）著／紀榮智 譯／ HK$78

禱告不是偽術——返璞歸真的祈禱
Prayers Plainly Spoken
侯活士（Stanley Hauerwas）著／禤智偉 譯／ HK$68

當祂在十架上——與侯活士默想基督最後七言
Cross-Shattered Christ: Meditations on the Seven Last Words
侯活士（Stanley Hauerwas）著／紀榮智 譯／ HK$53

緊扣時代 服事教會

以文字傳揚基督真道

讀者意見表

衷心多謝你購買本社書籍。本社一直致力以出版事工服事教會，幫助信徒扎根於神的話語，促進靈命增長。為使我們的出版更能滿足你的需要，請填寫下列各項資料，並寄回或傳真予本社。

所購書籍：________________

本書最吸引你的地方：

□作者 □適切性 □文筆 □設計 □實用性

□其他：________________

購買本書地點：

□基道書樓 □基督教書店 □非基督教書店

性別：□男 □女 職業：________________

信仰：□基督徒 □非基督徒

年齡：□16歲或以下 □17～25歲 □26～35歲
□36～55歲 □56歲或以上

學歷：□中三或以下 □中五 □預科
□大學 □研究院

□我欲更多了解基道出版社的事工及考慮支持，請寄給我下列資料：

□機構簡介 □新書資料 □基道會員通訊

□《基道文字事工通訊》

姓名：________________ 電話：________________

地址：________________

____

傳真：________________ 電子郵件：________________

其他意見：________________

____

多謝賜教！

意見表可以傳真(2687-0281)或直接郵寄以下地址：
香港沙田火炭坳背灣街26號富騰工業中心1011室
基道出版社編輯部收